內觀覺察

一趟找回快樂・淨心修慧・重啟人生的心靈旅程

Vito大叔(蔣宗信) —— 著

臣服

從痛苦中出離

Contents ——————————————————————————————

前言

你快樂嗎？尤其是正在閱讀這本書的此刻當下。

回首過往，我曾經是無憂無慮的小男孩，長大以後先是變成了認真盡責的大男人，在成家立業之後又成為了功成名就的男子漢。萬萬沒想到的是，我竟然會在 2020 年因為一場世紀疫情突然間扭轉了人生，變成了一位在別人眼中失業失婚又失意的落魄大叔。

我把這些年來走出生命低谷的經歷，完整寫下記錄在《倒數 60 天職場生存日記》以及《用夢想設計你的人生》這兩本書中。很多人對於我能夠走出中年危機，從魯蛇搖身一變成為夢想實踐家的過程感到嘖嘖稱奇，辣個平庸的男人究竟是憑藉著什麼本事才能辦到這一切呢！？

這本書中，我會跟大家回溯分享自己是如何透過 2023 年 2 月 1 日至 2 月 12 日期間的一趟內觀之旅，一步步找回內在的快樂，同時做出許多改變未來的重要關鍵決策。

期待透過本書的內容，能夠與一路陪伴支持我的讀者朋友如實分享，自己在重啟人生過程中所獲得的啟發和收穫，以及那些深深改變我一生的覺察與轉變。

【重啟人生三部曲】

- 首部曲《倒數60天職場生存日記》，2021.3.13，采實文化出版（2020.5 ～ 2021.2）
- 二部曲《用夢想設計你的人生》，2023.12.6，方舟文化出版（2021.3 ～ 2023.6）
- 三部曲《內觀覺察》，2023.10.9，奇光出版（2023.2，2023.7 ～ 2024.7）

《倒數 60 天職場生存日記》

《用夢想設計你的人生》

序曲：當意外失去了所有

不知道你是否曾經做過跟我類似的夢？

在獨自一人攀爬登山的過程中，就在快要接近壯闊的峰頂時，一不小心腳下突然踩了空，瞬間墜入萬丈深淵，開始不斷往下墜落。

我無助地閉上雙眼，在重力加速度之中回想過往的人生，準備迎接即將而來的死亡。

但說也奇怪，自己竟然穿越了地表，掉進一個深不見底，彷彿可以直達地心的裂縫裡頭。不知道經過了多久，時間感和空間感都逐漸消失，只剩下我獨自一人永無止盡地持續向下墜落著……

就像是影星湯姆‧克魯斯主演的《明日邊界》電影劇情一樣，我不只一次重複進入這段無限輪迴的夢境當中。但當時的自己想都沒想過，原來這場夢是個預兆，提前告知了自己在 45 歲過後即將意外失去一切，在真實的人生中迎來相同的無助感受。

著名的蝴蝶效應[1]告訴我們：「任何微不足道的小改變，也可能帶來巨大的改變。」

2020 年 5 月 1 日，因為一場橫空出世席捲全球的 Covid-19 新冠肺炎疫情，突然間失去工作的我展開了一段始料未及的意外人生，踏上一條再也無法回頭的中年探索之路。當時的我每天都拚命想著一個相同的問題：

我是誰？我想做什麼？我要怎麼做？

回想那個時候，無論在外頭遇到再大的困難或是挑戰，只要能夠回到自己溫暖的家中吃頓飯、洗好澡、再加上好好睡一覺，我就能夠整個人煥然一新，充飽電再重新出發。因為就算失去了所有，我還有一個充滿愛的家。

就憑藉著這份安定支持的穩定力量，我用了兩年多時間從朝九晚五的安穩上班族，慢慢轉型成為經營個人品牌的多元工作者。

過程雖然很辛苦，但總算咬牙挺過來了。但我萬萬沒

---

1. 蝴蝶效應（Butterfly Effect）是由美國氣象學家愛德華・羅倫茲（Edward Norton Lorenz）所提出。在1961年冬天，羅倫茲用電腦程式計算模擬大氣流動的數學模型，第二次計算時，省略小數第三位後的數據，竟然得到和第一次完全不同的結果。羅倫茲發表論文深入分析後，這個效應就常被解釋為：「一隻蝴蝶在巴西輕拍翅膀，可以導致一個月後德克薩斯州的一場龍捲風。」意即「就算是微不足道的小改變，也可能會帶來巨大的改變」。

想到的是，正當感覺一切開始否極泰來，好不容易終於贏來些許掌聲與肯定時，我的婚姻竟然在 2022 年中突然觸礁。在經過長達半年的溝通挽救無效之後，終於正式宣告不治……

　　回首過往的人生，我曾經意外失業過許多次，轉換工作原本就是職場工作必經的歷程，但為何這次的離職竟會成為壓垮駱駝的最後一根稻草，除了奪去我深信不疑的幸福婚姻，更搶走了自己努力拚搏大半輩子才擁有的這一切呢？

　　我除了百思不得其解，更是遍尋不著答案。於是開始透過大量閱讀並參與各式課程學習，想要獲得內心的救贖以及解答。那一段時間是自己人生中最沒自信，也是備受煎熬的一段黑暗時期，我曾經不只一次失去努力的動機，以及繼續活下去的勇氣。

　　2023 年 1 月 19 日，我完成離婚登記，正式失去了摯愛的妻子，深愛的大女兒，我們共同居住的一間房子，只帶著小兒子回到自己生長的老家，與年邁的父母親重新組成一家四口，重新展開全新的生活。

　　在結束這場長達 20 年的關係之後，我送給自己的第一份禮物就是一趟為期十天的內觀之旅。這除了是一段從心歸零的過程，更代表著一場重啟人生的儀式。

覺察：從心拼湊生命的碎片

　　坦白說，過去我從未接觸過內觀，也壓根不知道這套方法究竟在幹什麼。會有這段巧妙的機緣完全是因為受到 Podcast 主持搭檔品希和來賓哈拉老師在一次錄製《內觀：給自己一個機會，重新覺察並且改變生命！》節目中的分享，他們倆都不約而深受內觀十日入門課程的啟發，並獲得巨大無比的收穫，因此強烈建議我能夠給自己一次機會，好好安排一段時間去體驗學習。

　　當學生準備好的時候，在因緣俱足的情況下，命中注定的老師就會出現。

　　為了尋求一個解脫、一個答案，讓自己能夠心甘情願放下突然消失的這段婚姻，我報名參加2023年2月1日至2月12日於嘉義內觀中心舉辦的十日內觀課程（課程本身為十個整天，再外加頭尾兩天報到以及結訓）。希望透過這趟旅程，讓自己重新找回內心的平靜和快樂。

《內觀：給自己一個機會，重新覺察並且改變生命！》

內觀的起源

內觀（Vipassana）是印度最古老的自我觀察技巧之一。在長久失傳之後，於 2500 多年前被釋迦牟尼佛重新發現。「內觀」的意思是如實觀察如其本然的實相：透過觀察自身來淨化身心的過程。這套方法透過祖籍源自印度，在緬甸出生成長的葛印卡老師所傳承，他在 1969 年移居印度後開始傳授內觀法門給全世界的人們。

現在世界上很多國家都有教授葛印卡內觀靜坐課程的中心。葛印卡老師所遵循的傳統，沒有宗派之分。因此他教導的方法，深深吸引了所有背景的人士，包括任何宗教或無宗教信仰者，以及來自世界各地的各種人士。目前全世界每年有 10 多萬人會參加傳授葛印卡內觀靜坐禪修課程以及實踐。

本書內容僅為個人學習的心得和分享。如果您在閱讀後想進一步了解內觀修行的方法，或是報名參加書中所介紹的十日內觀課程，請直接洽詢世界各地的內觀中心。

「願一切眾生快樂！」

台灣內觀中心

內觀禪禪師——葛印卡老師
1924.1.30 - 2013.9.29

報到日：戒斷

　　我的偶像，擔任企業講師的謝文憲憲哥在《人生準備40% 就先衝》書中寫道：「想擁有 100 分的人生，有 40 分把握就先衝！」但對於當時才剛失去婚姻變成 0 分的我，根本連一點把握都沒有就決定衝了。

　　那種感覺就像置身電影《鐵達尼號》中那幕駭人的場景一樣，當船上的乘客突然間全都掉進冰冷漆黑的海裡，這時候不管身邊飄來什麼物品，你一定都會不假思索的伸手捉住它。因為那很有可能，就是讓你能夠活下去的唯一機會。

　　雖然我的心中一片冰冷，但那年的 2 月卻意外的溫暖。出發那天我拖著簡單的行李箱，裡頭只放了幾件輕便的換洗衣物、一個在外島當兵時用的舊睡袋、幾樣簡易的個人盥洗用品，還有一雙穿舊的輕便拖鞋，獨自搭公車到板橋火車站，坐上一班開往嘉義的自強號列車。

　　在 3 小時又 20 分鐘的車程中，我不停看著窗外流逝的景色，不斷思考著自己此行的意義和目的。如同過往在職場訓練培養的好習慣一樣，在每個專案開始之前，都要先釐清目標為何，再正式展開行動。

　　可惜的是，這回自己的腦袋竟然一片空白。因為我

想做的就只是逃避而已，除了逃離那個堆滿搬家紙箱的老家，更逃脫那些讓自己感到窒息的責任與壓力。我終於有整整 12 天的時間可以好好放鬆休息一下，到一個沒有人會認識自己、不需要假裝堅強的地方。

　　想著想著，不知不覺間就這樣睡著了。一覺醒來才發現已經快到嘉義，下火車前我在心裡告訴自己：「一定要好好把握這次難得的機會，重新找回以前那個快樂的自己！」

　　只要是真心想做的事情，就能夠發現真正的快樂。

內觀課程規範

出發前，內觀中心在寄發給參加者的《內觀課程簡介及學員行為規範》中明確訂定了許多注意事項，其中有一項內容是這樣寫的：

「請勿攜帶樂器、收音機、錄音機。任何讀寫的物品都不能帶來。學員不應作筆記，以免使自己分心。限制讀與寫是為了強調內觀的要點在於實踐。」

因為這個原因，當天我並未攜帶任何書籍和筆記本，甚至連一支筆都沒有。事實上在出發的前一天夜裡，我曾經帶著僥倖的心態「偷塞」了幾樣東西到行李中。但當天一早醒來之後，最後還是決定依照著課程的要求，把所有違禁品都通通留在家裡。

身為課程講師的我打從心裡相信，「當你投入的越多，獲得的收穫必將更多」。如果我想獲得此行的最大收穫，就必須要遵循課程的最高標準。

而面對人生這趟漫長的旅程也是如此，你可以不顧世上的規矩，渾渾噩噩過完一生，也可以選擇正正當當走完一輩子。經歷過風風雨雨的我這回打算重新好好做人，不再當個欺騙自己辜負他人的偽君子。

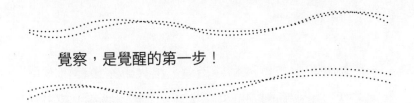

覺察，是覺醒的第一步！

　　沒想到在課程正式開始之前，這趟內在的心靈之旅就已經悄悄展開了。搭上火車的我突然有種預感，這即將會是徹底改變自己的一趟生命旅程。

抵達內觀中心

　　嘉義內觀中心位於嘉義市區，出火車站後轉搭計程車只需要十多分鐘的時間即可抵達，比鄰田耕莘主教紀念堂、天主教輔仁幼兒園、天主教聖言會、輔仁高級中學，以及大業國民中學，是一處鬧中取靜，環境清幽的文教區域。

　　報到後的第一件事，就是將個人的手機與貴重物品繳交給課程事務長封印保管，正式展開與網路的十日斷捨離。回想自己上次沒使用 3C 上網不知道已經是多久以前的事情了，除了網路故障、手機壞掉，或是收不到基地台訊號的少數情況，平日我們根本就無法逃脫社群網路的控制與影響。

　　我曾經訪問過的青少年輔導專家陳品皓心理師，將這群「過度暴露」於網路下成長的孩子稱為「過曝世代」。根據美國學界專業的《違常心理學期刊》調查，在 2009 至 2017 年期間，青少年總共增加了 50% 左右的心理健康類患病率，並指出電子通訊和數位媒體在其中扮演了極其重要的影響。

　　事實上除了青少年之外，大部分成年人也深受網路資訊的影響，尤其是對於我這樣的個人品牌工作者而言，除

了每天待在網路上的時間長得驚人，過曝的社群媒體更是讓自己早就失去內心的平靜和自在。

每一天、每一刻、每一篇 facebook 粉專上的貼文、每個讚、每一次的轉發分享、每一則讀者留言，都會刺激你我不停釋放腦內的多巴胺（dopamine）激素，並藉此獲得更多的成就感及滿足感。於是我們花費在各式社群媒體上的時間越來越多，除了開始經營 Instagram、TikTok、Threads、Line 社團，甚至玩起了小紅書和 Discord。

從早上起床的第一件事，到晚上就寢前的最後一件事，都是滑手機確認有無漏接的訊息，我在不知不覺中成為 24 小時執勤的網路成癮者。最誇張的是就連在騎車等待紅燈的短暫片刻，都會不受控地拿出手機檢查通知，確保自己沒有錯過任何即時的資訊。

我病了，而且病得不輕。希望這次能夠順利戒斷自己的手機上癮症，還有酒精依存症。

環顧四周，我發現其實每個人都有控制不了的癮，像是對金錢的欲望，對愛情的執念，對名聲的渴求，以及對珍珠奶茶的迷戀。即便是天真可愛的小朋友，也會有很難戒除的物品，像是奶嘴、尿布、奶粉、有自己味道的小被子，還有媽媽充滿溫暖的懷抱。

當孩子可以不再依賴那些物品生活，父母親都會感動

地認為他們終於長大了。身為成熟獨立的大人，如果我們有朝一日也能順利戒除那些控制自己的習性，生命究竟會變成什麼模樣呢？

我想，一定會覺得更自在，也更快樂吧！

完成報到手續後，事務長帶我到事前就分派好的寢室、浴室、餐廳座位，以及大堂打坐的位置。接下來的日子，我就只能夠依照課程時間的安排，在自己專屬的指定區域過著持守紀律的生活。

所有學員在下午五點集合，一起在餐廳用完晚餐，進到大堂完成首次共修。之後回到寢室，於九點半準時熄燈就寢，終於結束了舟車勞頓、慌亂忙碌的課程報到日。

第一天：沉澱

清晨四點整，清脆的鐘聲響起，鐺～鐺～鐺～

十日的內觀課程正式開始，神聖的靜默也隨之啟動。事實上從報到後開始，大部分學員就開始不發一語，雖然在大半夜裡我依稀聽見隔壁寢室傳來零星的交談聲，不過那並不影響我維持靜默的決定。

儘管對於眼前的一切充滿好奇，但我決心遵守課程守則，回歸純然的體驗。

"從課程開始一直到第十天早上，學員都必須保持靜默。神聖的靜默就是指身體、言語及意念的靜默。禁止與其他學員之間有任何形式的溝通，不管是言語、手勢、手語、寫字等等都不允許。在課程中，持續的練習是成功的祕訣，而靜默是維持這持續性的要素。"

我想起了孔老夫子曾經說過的：「非禮勿視，非禮勿言，非禮勿聽，非禮勿動。」

沒想到活了大半輩子，終於有機會成為有禮的人。在這裡除了不能說話，也不能直視任何人產生眼神的交會，

這些我應該都做得到，但一想到接下來要開始練習的靜坐，我就感到頭皮發麻……

在內觀中心，每日的行程是這樣安排的，從課程的第一天到最後一天，都完全一樣：

上午

4:00	起床
4:30 ～ 6:30	在大堂或自己房間修習
6:30 ～ 8:00	早餐及休息
8:00 ～ 9:00	大堂共修
9:00 ～ 11:00	在大堂或自己房間修習
11:00 ～ 12:00	午餐

下午

12:00 ～ 1:00	休息（可向老師個別提問）
1:00 ～ 2:30	在大堂或自己房間修習
2:30 ～ 3:30	大堂共修
3:30 ～ 5:00	在大堂或自己房間修習
5:00 ～ 6:00	茶點

晚上

6:00 ～ 7:00	大堂共修
7:00 ～ 8:30	葛印卡老師開示
8:30 ～ 9:00	次日內觀技巧指導
9:00 ～ 9:30	大堂提問或回寢室就寢
9:30	熄燈就寢

你一定可以看得出來，整天一共有九個修習時段，其中包含了三次大堂共修，以及每天晚上的葛印卡老師開示。簡單來說除了吃飯和休息之外，我們幾乎全部時間都在修習，也就是進行靜坐。

但你肯定想像不到，我其實是沒有辦法打坐的人。不知什麼原因，從小我就無法盤腿坐下，所以對於所有需要彎腰屈膝的場合或是活動都敬謝不敏，像是參加舉辦在大草地上的風格野餐日，到鋪著日式榻榻米的和室品茶聚會，或是一個人划著帥氣的獨木舟航行在一望無際的大海上。

恐懼

　　早在決定參加十日內觀課程之前，我就知道了這是一套透過靜坐方式淨化心靈、根除痛苦的技巧。但萬萬沒想到的是，每天花在靜坐的時間竟然會有這麼長（超過十個小時）。

　　原本我以為的修習方式是一群人坐在教室裡的課桌椅子上，有一位老師教導大家學習內觀的方法，接著大夥兒一起練習，一塊兒討論，就像是那些曾經參加過的工作坊或是研習營一樣。

　　沒想到這邊採取的共修方式竟然是共同盤腿坐在大堂的地板上，由一位固定的助理老師帶領學員一起靜坐，期間共同聆聽葛印卡老師錄製的課程開示，度過一次又一次的共修時間。過程中沒有任何的指導、交談，以及對話，依舊維持著神聖的靜默，除了透過錄音所播出的課程指引之外。

　　共修時段之外的自我修習時間，你可以自行選擇到大堂與其他學員一起靜坐，或是回到寢室自己一個人靜坐，但不能利用這段時間洗衣或沐浴，只能夠專心修習。

　　話雖如此，在過程中並沒有任何一個人會約束規範其他人的行為，除了你自己以外。

　　第一次靜坐時，我一邊掙扎著想找出最舒適的盤腿方法，一邊懊惱著自己為什麼會來到這個地方，同時也不動聲色地觀察眼前其他學員的狀態。這個過程讓我不自覺想起自己年輕剛出社會時，以菜鳥之姿進入職場工作時的不適以及緊張感。

　　忍不住睜開眼睛時，突然望見一位老先生，不知道從哪搞來了一個能夠靠背的木製支架，也瞧到另一位年輕人，在屁股的位置上竟然多墊了幾個厚厚的墊子，我心中充滿納悶，這些東西究竟都是打哪兒來的？

　　那堂修習結束後，我在大堂的一個角落找到了兩塊輔助用的坐墊，有樣學樣打造出自己專屬的寶座，開始嘗試克服心中對於盤腿靜坐的雜念。

　　越恐懼，越持續。萬事起頭難，做了就不難！

　　別人都能做到，我也一定能夠「坐」到。

觀息

好不容易開始坐下來之後，下一個難關就是面對腦中不斷冒出來的各式念頭。

究竟要如何正確靜坐？手到底要怎麼擺放才對？心中需不需要觀想、默念，或是調息？

這些疑惑和念頭占據了我整個腦袋，在接下來的每次修習中，我就像隻不小心被黏在捕蠅紙上的蟲子一樣，不停地扭動身軀蠕動著，拚命地想要找出掙脫離開的方法，卻始終徒勞無功。

出乎意料的，這天老師並未教導我們任何正確的靜坐方式，只要求每個人好好覺知呼吸，觀察呼吸。

"呼吸是已知到未知之間的橋樑，因為呼吸這項身體機能，兼具意識及無意識、刻意及自然運作的模式。你們一開始用有意識的刻意呼吸，接著進展到覺知自然正常的呼吸，然後再進一步，覺知更加微細的自身實相。每一步都是實相，每一天你都將更進一步穿透，發現身心更細微的實相。"

吸～吐～吸～吐～吸～吐～

　　這一整天，我就在自己的呼吸聲中認真度過，每一次的吸氣都伴隨著自動升起的念頭與想法，每一次吐氣時就輕輕把它們送走放下。我發現，大部分念頭都來自於過去，其中包含了各式各樣的記憶與回憶，而少部分的想法則緣自於未來，涵蓋了許許多多的期待與想像。

　　我的思緒不斷飛躍穿梭在過去以及未來，而在下一個瞬間又重新回到了當下，安靜地在大堂裡靜坐著……

碗

出發前往內觀時，我攜帶了家中最不起眼的一副不鏽鋼碗筷（印象中是女兒之前用過的），打算只靠它們解決自己每天吃飯裝菜喝湯及泡茶的需求。搬家的時候，我丟掉了一大堆平常沒用到的餐具，其中絕大部分是免費的紀念品或是贈品，少部分是自己用不慣的款式。

那是第一次我清晰地覺察到，原來生命中真正需要的東西其實很少。雖然我還挺喜歡那些美麗的盤子、湯匙、叉子，以及各式各樣精緻的餐具，但對於我自己一個人來說，只要能夠有一個碗，再加上一雙筷子，就真的夠用了。

在內觀中心吃飯就像是自助餐一樣，你得依序排隊進入餐廳，自行打菜後坐至固定的位子用餐。過程中你會不經意看見每個人不同的取餐方式，使用各式各樣的大小餐具，以及千奇百怪的用餐姿態，就像是觀察人生百態一樣。

我們常勸人千萬別「吃碗內看碗外」，但因為我替自己準備的碗實在太小了，在盛了半碗飯之後再隨便鋪點菜就滿了出來，剛開始的幾餐我總是一邊緊張吃著碗裡的食物，一邊抬頭偷瞄著供餐檯上剩餘的飯菜，趕緊吃完後再去盛裝一次。

　　糾結了好幾餐之後，我終於決定在中心的共用碗櫥裡借用了另一個大的不鏽鋼碗當作盛裝飯菜的主要餐具，而原本的那個小碗就改拿來裝湯和水果使用，每餐就只要一大碗加上一小碗的份量，就恰好能夠滿足自己的食量。

　　那個瞬間我突然又意識到，自己過往的人生好像都是這樣過的。一方面小心翼翼地做著一份有所局限的工作，同時間又沒有足夠的勇氣能作出改變脫離現況。

　　於是我告訴自己，從今天開始不需要擔心，更不必要貪心，只要能夠找到一份真心喜歡，能夠餵飽自己，最重要的是不再跟別人比較的工作就好了。

　　難怪，「工作」的另一種說法剛好就是「飯碗」，你說是不是很有智慧呢？！

　　內觀的過程中，每件微不足道的小事都開始變得意義非凡，就在一念之間，你的世界也將隨之改變……

第二天：逃避

聽說「逃」是人類的天性，尤其是當你來到未知的新環境，抑或是身心感到不舒適的時刻。逃避雖然解決不了問題，卻能讓我們爭取到一些時間或是空間，能夠評估清楚當下的局勢，好好思考接下來該怎麼面對。

其實我這次會來到這邊，也只是想逃避不想面對的新生活，只不過是冠冕堂皇地假借參加課程的名義，讓自己有整整 12 天的時間能夠好好喘息一會罷了。

沒想到事與願違，從課程的第一天開始，我除了持續跟靜坐的姿勢對峙，也不斷與心中冒出來的各種念頭對抗……

「我幹嘛一直坐在這裡？不如趕緊回家吧！」

「這樣無聊的日子還得過十天？怎麼可能啦！」

「一直打坐能有啥收穫？別再浪費時間了！」

這些不同的想法，全都伴隨著情緒（！驚嘆號）以及懷疑（？問號），即便只透過文字的方式記錄傳遞，你一定都能夠如實接收到我當時的心情。

人的「心」真的是很奇妙的根源，明明大家身處在完全相同的環境，卻會因為不同的「心態」，產生截然不同的「心境」和「心情」。

　　我第一次發現這件事是在大女兒誕生的那一天，當她被洗得乾乾淨淨放進嬰兒保溫箱，和一群新生兒展示在喜悅的父母眼前的那一刻，她臉上洋溢著滿滿幸福的笑容熟睡著，她左手邊的男孩臉上帶著怒氣大聲哭鬧著，右手邊的另一個女孩則是滿臉驚恐不安不斷扭動。

　　相同的情境此刻也發生在我們集體共修的大堂裡，透過上帝的視角你可以一眼窺見學員們各種不同的姿態，以及從心中滿溢而出各式不同的糾結。生命若是一場修行，生活便是一種試煉，在你我日常度過的每一天，又何嘗不是如此呢？

　　好不容易挨過了早上的三個修習時段，吃飽午餐回到寢室準備稍微逃避（休息）一下時，我發現睡在隔壁床的室友已經悄·悄·離·開了。他的床上收拾得乾乾淨淨整整齊齊，昨天還擺放在上面的枕頭棉被和蚊帳通通消失，就像從來沒有人來過一樣。但昨天夜裡，我才因為他超大的打鼾聲而失眠了一整個晚上。

> 「學員必須從頭到尾參加整個課程，不可中途離開。請仔細閱讀過所有的規章並認真考慮。只有覺得自己可以誠實並謹慎地遵守所有戒律和規範的人，才報名參加課程。」

　　突然消失的室友壓抑住了我心中想要逃跑的念頭，如果同一間寢室在第一天就有兩個人同時退出，那僅存的另外一位室友（我們這間一共住了三個人）一定會覺得很難過，可能也會接著退出吧！我內心的小劇場開始自動上演，決定先繼續忍耐一天再說……

　　從小到大，我一直就是個小孬孬，在過去的生命從來沒有正面認真迎戰過，也未曾鼓起勇氣逃跑過。自己就這樣唯唯諾諾地活到了現在，長成一副沒有個性的討厭鬼模樣。

　　雖然已經完全不記得那位室友的長相，但我永遠都不會忘記那天他為自己做出的勇敢決定。

　　午睡的時候，我夢到自己小的時候，一個人坐在教室乖乖上課的模樣，外頭的天空很藍很美，我抬頭望著窗外翩翩飛舞的一對蝴蝶，心裡殷殷期盼著下課的鐘聲趕快響起。

　　我決定不再逃避痛苦，一定要誠實面對此刻的自己，直到找到真正的快樂為止。

面對

不知道你是否曾經在夜深人靜一個人的時候，思考過自己此生的意義究竟為何？

以前有句膾炙人口的經典廣告台詞：「幻滅，是成長的開始！」仔細想想真實的人生真的是如此，至少自己這輩子就是一段不停成長，同時不斷幻滅的殘忍過程。

希臘神話中，犯了錯的薛西弗斯遭天神懲罰要不斷推著大石頭，日復一日地從山底下往山頂上推，到了山上之後石頭又會重新滾下來，周而復始，永無止盡。他究竟要推到哪一天才能夠贖完罪呢？我想，可能要等到能夠原諒自己的那一天為止吧。

常聽老一輩的人說，人活著就是來修行的（另一種說法是來受苦的），如果用薛西弗斯當作例子還真的是如此。

他推石頭的時候心中在想著什麼？覺得開心嗎？感到難過嗎？曾經想要放棄嗎？或是其實半點想法都沒有？我的心中充斥各種疑惑，無論是對於薛西弗斯那悲慘的命運，還是發生在自己身上難堪的際遇。

每當感到難過或是不舒服的時候，我總是習慣用各種方法逃避情緒。小時候我會騎腳踏車到處亂晃，直到體力

耗盡或是心情變好。長大後我開始用酒精麻痺自己，只要
生活一不如意，我就把自己關在房間裡喝個爛醉，接著迎
接清醒之後重獲新生的感受。

　　50 年的歲月一晃眼就過去了，我心中逃避的問題越
來越多，生活中的壓力也越滾越大，不知不覺中我慢慢變
成真實世界裡的薛西弗斯，直到手中的大石頭感覺再也推
不動，才終於決定要放下那些沉重的陳年往事……

　　逃避，不是解決問題的方式。面對，你才能夠掙脫
一輩子的束縛。

靜心

延續第一天練習的觀息法（Anapana），今天關注的焦點，從呼吸延展到了內心。

"將注意力放在鼻孔以下嘴唇以上的三角區域，保持覺知進出鼻孔的每一個氣息。透過自然的呼吸感受內心的狀態，當心感到遲鈍或是焦慮不安時，刻意稍微加重呼吸一段時間，而後回到自然的呼吸。"

我的心像是一頭失去控制的野獸，不停瘋狂四處亂竄著。雖然人還坐在共修的大廳裡，思緒卻早已穿越時空，進入一種不停自動播放的狀態，那些一格又一格快速跳動的畫面，就跟漫威英雄電影的片頭一模一樣。

看到這邊你一定會覺得疑惑，靜坐時不是就應該專心，為什麼可以像這樣胡思亂想呢？

只要你親身體驗看看，就能明白要讓心靜下來真的很不容易。無論是在日常生活的每一天、每一刻、每一分、每一秒，我們都很難全心全意只專注在一件事情上頭。

像是正在寫書的這一個當下，我腦中不自覺又想起明天得準時上架的 Podcast 節目，接下來該準備的錄音訪綱，

還有晚上要幫兒子準備的晚餐。

生活即是修行，只要時刻察覺，片刻皆是覺察。

　　蕭穆的共修大廳一片寂靜無聲，我的心卻如同黃昏市場一般喧鬧吵雜，好不容易等到累了倦了，才開始放下想要控制的念頭，就只是靜靜地等待回憶流逝，同時允許心中的想法來來去去。好不容易在反反覆覆的練習當中，度過了既疲憊又混亂的第二天……

小椅子

每天從早上到下午，我們一共有四個時段可以自由選擇到大堂或是留在自己房間修習。

大多數時，我會選擇到共修大堂與大部分學員一起靜坐，那裡的感覺很像在圖書館的自修室，剛開始每個人都會很認真做功課，但隨著時間一分一秒流逝，坐不住的人就會陸續離開。有些人只是去上個廁所，或是舒展一下身體後就會回來繼續努力，但也有些人會直接到戶外開始散步，或是乾脆回到寢室好好休息。

偶爾幾次，我會直接在房間靜坐，背靠著一張擺放在床旁邊的木製小椅子，舒緩自己早已疲憊不堪的大腿和挺不直的腰桿。小椅子成為我內觀時最好的夥伴，我們除了彼此依靠，更是心靈相通。每次只要閉上雙眼開始靜坐，我都彷彿搭上多啦 A 夢的時光機，瞬間進入時光隧道，想起許多遺忘已久的陳年往事。

小椅子成了我觀看過往回憶的 VIP 特等席，直到突然間我覺得自己不能再逃避了，應該要把握每次練習的時間，認真做好每堂的功課。於是我下定決心離開舒服的小房間，重新回到肅穆的共修大堂。

　　每個人都需要一個心靈的避風港，但千萬別讓自己停留在舒適圈太久，勇敢出發航向心之所向的目標航道吧！

第三天：感恩

　　年紀大了有個症狀，就是你會開始回味年輕時聽過的那些老歌。像是當年這首香港歌手譚詠麟膾炙人口的《半夢半醒之間》，就在我腦海不停播放了一整個夜晚：

就在半夢半醒之間，我們越過時空相見
每一分鐘換成一年，究竟能有多少纏綿
就在半夢半醒之間，我們忘了還有明天
忘了保留一點時間，好讓這種感覺永遠
迷迷糊糊睜開雙眼，醒來你已了無蹤影
再回到夢裡，夢已不相連，哦⋯⋯愛你
似夢似真，轉眼改變夢已不相連

　　伴隨著隔壁床室友規律且驚人的打呼聲，我的腦中持續播放著過往的回憶片段，一幕幕的往事歷歷在目，彷彿又回到舊日美好的時光。原來，我的人生過得這麼精彩，除了經歷過這麼多回味無窮的事情，更遇到這麼多真心愛過，也用心愛我的人。

　　我的心中充滿感謝，感恩生活裡所有的一切，讚嘆這趟不可思議的生命旅程。就在半夢半醒之間，終於迎來了第三天的清晨。

體驗

鐺～鐺～鐺～

在清脆的起床鐘聲結束同時，腦中突然間冒出了一個念頭：我想回家了！

一邊刷牙的時候，我一邊思考著待會要怎麼跟事務長開口，向他提出希望離開中心的決定。

「家裡臨時有事。」但我的手機已經被沒收了，怎麼可能會接到通知。

「身體突然不舒服。」但我看起來好好的，他會相信嗎？

「我不想繼續下去了。」靠！超丟臉的，我真的說不出口。

突然間，我覺得這種感覺似曾相識，在過往的生命中曾經不只一次上演過，印象最深刻的那回是在自己 30 歲左右，剛到一間規模超大的跨國電子公司報到的第一個月。

那真的是一份很棒的工作，除了薪水優渥離家又近之外，竟然還有專屬的停車位。但打從面試的那一刻我就隱約感覺到，在這裡工作一定會很無聊。

你知道什麼是無聊嗎？就是沒有人會聊天，整個辦

公室安安靜靜的，你只能聽見從每個座位傳出的敲打鍵盤聲，以及短暫的電話交談聲而已……

　　每天早上醒來後，我都在浴室鏡子前一邊慢慢刷著牙，一邊猶豫著待會究竟要不要出門上班。直到有一天醒來後，發現耳朵突然聽不到聲音了！那天我終於請了假，一個人跑去醫院檢查身體，雖然醫生說找不到原因，但我發現自己真的很不喜歡那份工作，於是正式向公司提出辭呈。說也奇怪，當離開了那個人人稱羨的工作環境後不久，我的聽力就完全恢復正常了。

　　我第一次意識到，就算別人眼中覺得再好，嘴裡說得再棒，都不一定適合自己。

　　於是我開始嘗試不同領域的工作，先從電子製造業轉到餐飲服務業，之後又改往新創電商平台發展，最後竟然意外成為多元自由工作者。我的人生雖然沒有依照想像的方向發展，但踏出的每一步都是當下真心的選擇。

　　那天清晨，我一個人留在寢室處理自己鬧哄哄的腦袋。直到吃完早餐，在八點整踏進大堂共修時，才發現身旁的同學又消失了四位，他們分別坐在我的正前方、正後

方、隔壁的隔壁，以及隔壁的隔壁的隔壁，以我為中心點
向外擴展。（天啊）

這下子腦袋變得更亂了！我想起昨天半夜從隔壁寢室
傳來的竊竊私語聲，幸好當時沒有衝動地跑去制止，不然
自己就成了逃跑的共謀份子，不過他們也真是太不夠意思
了，竟然搶先自己一步採取行動。

「不如再多待一天吧，現在事務長一定正在忙著處理
善後，我還是先別雪上加霜了。」

因為不說話而保留下的能量全都轉到腦子裡，我自行
腦補編出一個說服自己留下來的好理由，接著就聽見課程
錄音說出了這段話。

> "要完全的如法修行。不管你以前在別處讀過或
> 學過什麼，在課程期間都先放在一邊，不加以批評責
> 難。和其他方法混用是很危險的事。如果有任何疑點
> 要問清楚。給這修行方法公平的試驗機會，這樣你們
> 將獲益無窮。"

我決定給自己一次公平的幾會，好好體驗內觀這套
修行的方法，讓自己從過往的束縛中解脫，得到真正的安
詳、真正的和諧、真正的快樂。

修慧

開發智慧共有三種不同的方式，第一種是「聞慧」，就是聽聞他人的話語得到智慧。你可以透過蒐集網路資訊、閱讀書籍、參加課程講座、或是收聽 Podcast 節目獲取新知，輕鬆取得各式寶貴的知識。

第二種方法是「思慧」，透過思維的過程增長知識，並且獲得智慧。在這個資訊爆炸的時代，每個人都該具備獨立思考的能力，先判斷聽聞來的道理是否合乎邏輯，再確認是否有價值有益處，最後才真正的理解並接受它。

最後一種方法則是「修慧」，是經由親身實踐體驗而來，這才是真正屬於你自己的智慧。聞慧和思慧雖然都能獲得啟發與收穫，但唯有修慧才能為我們帶來最大的利益！

> "不是聽聞開示，讀書或智識分析所得來的智慧；必須體驗自己身內實相而開發的智慧，因為只有這體驗得的智慧才能讓你解脫。"

雖然在參加內觀之前，我已經先到 YouTube 上收看了許多學員的心得與收穫，但那遠遠都不及在抵達現場之

後，自己親身體驗經歷的每一刻。無論是每一堂內觀技巧指導的「聞慧」，每一天葛印卡老師開示的「思慧」，以及每一次共修練習時的「修慧」，都遠遠超乎了想像，深深地烙印在每位學員的腦海之中。

　　讀萬卷書不如行萬里路，坐而言不如起而行，無論你想學會什麼，趕緊動身朝向目標踏出第一步吧！

　　要聽聞，要思惟，更要修行，才能獲得真正的智慧。

浴室

　　每個人都渴望擁有自由，但打從出生的那一刻起，你我都不曾得到過真正的自由。

　　我每天都在過著一種不想過但必須得過的人生，心裡頭卻有著許多想幹但不能幹的念頭，或是想做卻做不到的事情。隨著年紀越來越大，我發現自己過得越來越不自由，越來越不快樂。聽說內觀能夠讓人獲得真正的自由，於是我千里迢迢來到這裡，心甘情願地踏進這個很不自由的地方。

　　每個人除了得按照規定的時間作息，在固定的餐廳位子吃飯，在指定的大堂座位打坐，還被分配到了一間專屬的浴室，只能各自在特定的時段洗澡。

　　雖然有點不自由，但每天我最期待的就是這段洗澡的時間。當溫暖的熱水接觸到疲憊身體的那一瞬間，我總是能夠全然喜悅地活在當下，赤裸裸地感受到短暫自由的美好。耶～終於可以休息一下，不用再靜坐了！

　　但美好的片刻總是稍縱即逝，我那間浴室的熱水器不是很靈光，水溫會突然變燙或是變冷，在連續被意外的「三溫暖」折騰了好幾天之後，我終於找出它規律的「30秒」節奏。每次都充分利用恰恰好的水溫，在倒數計時

30 秒結束之前趕緊移開即將暴走的蓮蓬頭，接著先關水，再重新打開，耐心等待水溫恢復正常後，再進行下一輪 30 秒的沖洗。

在不自由中，我們依舊可以依靠自己的智慧，找出讓心自由的方法！

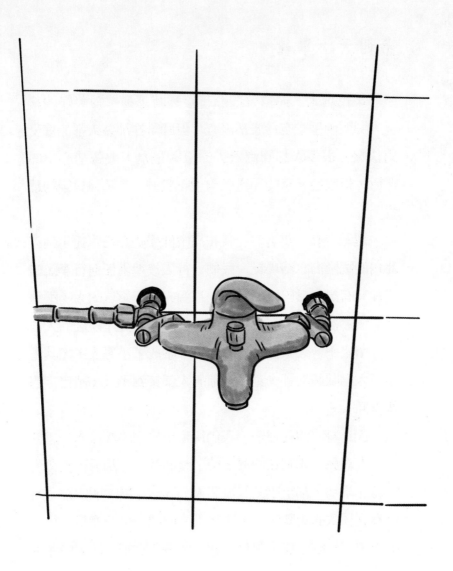

第四天：單純

年紀越大，你越會懷念起年輕時那種單純美好的日子，明明兩手空空什麼都沒有，但腦子裡卻整天都能感受到快樂。很多人想回到過去的原因是為了要彌補心中的遺憾，但我最希望的卻是能夠重新體驗一次那種快樂的感覺。

還記得有一年暑假，我和高中同學約好騎摩托車到東北角的福隆海水浴場玩。我們一行人沒準備任何行李，口袋裡只有幾張皺巴巴的鈔票，每個人戴上擋風的太陽眼鏡就浩浩蕩蕩地出發了。在夏天的豔陽和北海岸疾駛的大卡車夾擊之下，大家抵達目的地時都曬成了小黑人，尤其是拿下太陽眼鏡的那一刻，全部的人都笑到不行（請自行想像畫面）。

因為身上沒錢住宿，我們決定用撿來的漂流木升起營火，大夥兒一起窩在沙灘上待了整個晚上。那天夜裡發生的每件事情，都牢牢刻進每個人心底的深處。明明是一趟陽春到極致的短暫旅行，雖然天亮前凍得全身發抖，後來臉上還因為曬傷痛了整整一週，卻是我這輩子印象最深刻的夜晚。

後來人生中經歷了各種大大小小的旅行，卻始終少了

那晚單純如赤子的感受。我手裡的行李越提越重，心中掛念的事物也越來越多，所以這次決定只攜帶最低限度的生活用品，希望能夠重新找回 17 歲那年的感動。我一共準備了：

- 一個筒型背包
- 一副不鏽鋼碗、筷、湯匙
- 一個保溫水壺、三個環保紙杯
- 一支拋棄型牙刷、一條迷你牙膏、一小瓶沐浴乳、一小瓶洗髮精（之前出差從旅館拿的）
- 一條舊的大浴巾
- 一件薄外套、三件短袖上衣、一件長袖上衣、兩件長褲、兩件短褲、三件內褲、三雙襪子
- 一雙運動鞋、一雙舊拖鞋
- 兩週份量的血壓藥（共 28 顆小藥丸）
- 一支手機、一個充電器
- 一個零錢包、一些銅板、三張千元紙鈔
- 一張悠遊卡、一張提款卡
- 一副家中的鑰匙
- 一個當兵時用過的舊睡袋（超過 25 年了）

全部加起來一共有 30 樣物品，除了身上穿的，剩餘

的剛好全部塞進背包裡，是我這些年來出門最輕便的一次。原本以為自己已經精簡到不行了，沒想到在課程的最後一天才發現，竟然有人沒帶任何行李，只把兩手插在口袋裡就帥氣離開了內觀中心。

　　我想，他一定是拋下了所有束縛，重新獲得單純的靈魂。

感受

「先生，請問你要加辣嗎？」巷子口鹽酥雞店的胖老闆揮舞著手中銀色的胡椒罐，滿頭大汗地問我。

「要！麻煩蔥和蒜頭多放一些，謝謝頭家！」我貪婪吸著九層塔下鍋時爆出的陣陣香氣，精神抖擻地大聲回答他。

不知從何時開始，我吃東西的口味越來越重，小時候只要一碰辣就流淚不止的我，竟然會愛上大蒜和哇沙米的嗆辣滋味，成為各類重口味食物的最佳代言人。無論是「××大乾麵 - 地獄辣椒」、「××果碗豆酥 - 九層塔蒜味」、「××郎蒜味鹽酥雞」、或是「××麻辣大腸臭臭鍋」都是我百吃不膩、愛不釋口的美食首選。

我除了越吃越胖，也越吃越不健康，無論是甜的、油的、炸的、滷的、炒的，只要吃的時候覺得又香又辣又過癮的（這時候最適合再搭配一杯生啤酒），全都來者不拒！

沒想到來到內觀中心後，映入眼簾的全是一些烹調簡單、色彩繽紛的原形食物。無論是黃色的玉米與南瓜、紅色的番茄與彩椒、綠色的花椰菜與地瓜葉、紫色的葡萄和茄子、各式無調味的堅果，以及自行醃製的甜薑與白蘿

萄。每到了用餐時間，學員便井然有序地排隊進入餐廳大快朵頤。

你一定想像不到，這些外觀看起來清清楚楚，嘗起來簡簡單單的菜餚竟然能夠如此美味！

我可以在每一次入口咀嚼的過程中，分別感受到酸、甜、鹹、辣、苦各種滋味在口中擴散蔓延開來，就像在欣賞一場精彩的煙火慶典一般，每一口都能帶來截然不同的感受。反觀過去自己早已習以為常的那些刺激調味，從頭到尾卻都只是一成不變的單調滋味。全都是充滿人工的調味。

「我什麼都不加！」下回記得這樣回答。因為只有這樣做，你才能夠吃出食物的原味。

結束課程之後，我一改過往吃香喝辣的飲食習慣，愛上了清淡爽口的健康料理，尤其是隱藏在巷弄之間的素食自助餐店，總能讓我回憶起在內觀中心用餐時的感恩滋味。

少即是多，越簡單越美好，千萬別讓生活中過多的選擇，蒙蔽了內心最真實的感受。

　　祝福大家，都能有緣品嘗真正的美食，享受真正的美味，感覺真正的快樂。

覺知

　　老師要我們在靜坐時如實觀察全身的感受，僅僅只是觀察，不要起任何心念。如果有了舒服的感覺，不要貪愛執著，就讓它自然通過；如果起了疼痛的反應，不要瞋恨怨懟，只讓它慢慢流逝。

> **"你只要客觀地觀察，不要把自己與這些感受劃上等號。"**

　　感受會先在身體四處不斷地升起，我接著在內心深處不停地放下，透過覺知內在所有的情緒變化，我開始練習用平等心觀察，並且接受自己無常的人生。

　　我想起了女兒誕生的那一天，前妻在連續陣痛了超過36小時之後，我們共同迎來這個寶貴的小生命，那種感動的喜悅我一想到就會想哭，記憶一直停留在當年那間小小的婦產科裡頭。

　　我想起了兒子誕生的那一天，前妻在產檢的時候突然胎盤剝離大出血，緊急推入手術室。不久後就聽見這小子呱呱墜地的聲音，我好不容易終於看見他，也差點毫無預警的失去了她。

　　我想起了跟前妻結婚十多年來相處的每個片刻，我們一起去過的每個地方，以及共同經歷的喜怒哀樂，這些回憶全都已經過去了，她選擇永遠離開了我。

　　我在心裡頭嚎啕大哭，迎接自己所有的感受，接著等待它們慢慢消逝⋯⋯

　　對不起，請原諒我，謝謝妳，我愛妳。

牙膏

前妻很愛逛大賣場的美妝用品區，每次全家一起出門去採買時，她總會待在那裡很長的時間。有一次家裡的牙膏用完了，我站在琳琅滿目的貨架前，挑了半天都沒辦法決定要買哪一種回家。因為實在有太多不同的選擇了！

算了算，不同品牌的各種牙膏型號就超過 50 種品項。印象中小時候只有 × 人牙膏一種，沒想到現在竟然區分了如此多種不同的功能。有抗敏的、小朋友專用的、美白的、護齦的、防蛀的、清新的，甚至能夠減低牙結石的。再搭配上不同的價格和促銷方案，難怪精打細算的前妻總得絞盡腦汁，才能做出最明智的判斷。其實我自己也好不到哪去，以前每天回家繞去便利超商買啤酒時，都會站在五花八門的冷藏櫃前從頭掃瞄到尾，白白浪費了好多寶貴的時間和金錢。難怪一些成功人士日子總是過得簡單，使用的物品也是相同的款式。大家耳熟能詳的蘋果電腦創辦人賈伯斯與臉書執行長馬克・祖克柏都是最好的例子。

出發前，我從抽屜翻找到多年前出差從旅館帶回的一條迷你小牙膏、一支拋棄型牙刷，還有三個環保紙杯（當漱口杯用），目測預估了一下應該足夠這趟行程使用，就開心又感恩地替自己省下一次出門採購的心力。

大道至簡，繁在人心。這是生活的藝術，也是人生的眞諦。

〈收納幸福｜廖心筠 ：透過生前整理，活出不留遺憾的人生！〉

第五天：當下

你體驗過「心流」嗎？那是一種腦袋淨空，沒有過去，沒有未來，也沒有煩憂，只有當下思緒的一種感受。我時常能在專心做一件事的過程中，不知不覺就進入了這種狀態，但那是一種「工作」時才獨有的沉浸，鮮少出現在自己日常的生活當中。

成為自由工作者之後，我無時無刻都在進行創作。雖然進入心流的時間越變越多，但與家人之間的關係卻越來越疏離，接著又突然間遭遇了始料未及的婚姻危機，大小不斷的衝突如同海嘯般不斷襲來，我變得無法專心工作，再也難以進入心流的狀態。

為了擺脫內心的難過與糾結，我只能藉由酒精不斷地麻痺自己，就這樣半夢半醒地度過了半年的荒唐時光。出發前往內觀中心的前一個晚上，我告訴自己一定要重新拿回對生命的主控權。而下定決心改變的第一步，就是連續12天都不喝酒，清醒地體驗課程期間所有發生的一切。

"在修行內觀時，當下此刻才是最重要的。現在這一生當中，我們一直造作業行，一直在使自己痛苦。此時此地我們就得打破這個習性，開始從痛苦中

解脫出來。只要你如法修行，總有一天你可以根除所有的舊業，而且不再造作任何新業，而自所有痛苦中解脫。"

　　萬般皆是業，過去累積的業造就了此刻的痛苦，就如同喝酒帶來了宿醉，疏離導致了婚姻的分離。此刻心中的每一個念頭，做出的每一個行動，都將決定那不久後的未來，堆疊累積出無可逆轉的人生。

　　接近中午的時候，我結束打坐練習，走出大門到戶外散步。突然間，一陣風吹來，眼前飄下一大片如下雨般的落葉。就在那一瞬間，我突然覺得心裡有很多東西也悄悄地落下了，就像那些樹葉離開原本居住的樹梢一樣，隨著風，飄落到了地面。

　　那是一種超然解脫、類似頓悟的感受。我突然理解、並且接受了過往生命中所有的無常。而這當中，除了自己的婚姻之外，也包含自己的工作、過去發生的一切，以及所有曾經交往過的對象……

　　不是不愛了，只是緣盡了。

　　我想起了不知道從哪兒聽來的這段話，沒錯，愛一直都在，只是在某個時間點，她選擇了離開自己。雖然發生了很多不開心、不愉快的事。但依舊有數也數不盡、想都想不完的美好瞬間。我選擇接受，並且放下心中的遺憾，用一顆感激的心，祝福每一個我愛過、或是曾經愛過我的人們，無時無刻，都能過著寬心自在的人生。

　　謝謝妳，帶給我的美好一切。

　　願大家都能珍惜當下的緣分，每一分，每一刻，都活在最美麗的瞬間。

每一段愛情，都是最美麗的緣分。

因果

　　香港天王劉德華這輩子有過超多膾炙人口的經典作品，像是《賭神》、《無間道》、《五億探長雷洛傳》，其中讓我印象最深刻的，是一舉奪得當年香港電影金像獎最佳電影獎、編劇獎、男主角獎的電影《大隻佬》。

　　劉德華在片中飾演曾經出家修行，能夠看透人們前世今生的和尚了因。他曾一度因為宿命論而自暴自棄，卻在與警花李鳳儀的相遇裡，領略到了善念、主動和覺悟的可貴。

　　大隻佬的師父曾經對他說：「萬般帶不走，唯有業隨身。」但他卻因企圖改變因果未臻，對生命懷有無力感而脫下袈裟還俗。最後因為女主角的出現和勇敢犧牲，讓他對於因果有了更深層的透視及體悟，終於坦然接受因果，也放下因果。

　　透過電影中曲折的劇情，我這輩子第一次思考「如是因，如是果」這件事情，每次看都會有截然不同的感受，從 30 歲看到 40 歲，又從 40 歲看到了 50 歲，除了越看越有感觸，更是越想越有滋味。

　　不知道你是相信「因果」？或是聽從「宿命」？

　　以前的我，總覺得人生像是寫好的劇本，打從出生的

那一刻起，就註定了這輩子所有會發生的事情。但現在的
自己相信凡事皆為因果，雖然你無法改變過去的命運，但
可以透過當下的選擇，親手打造出自己的未來。

　　因果論隱含透過個人努力而改善的因子在其中，每個
人都要能夠深觀緣起，才不會輕易落入宿命論的控制。只
要坦然面對因果，透視它的變化，接受無常的結果，你就
可以減緩痛苦的產生。

　　把所有愛過的、恨過的、糾結過的都輕輕放下，再
也沒有後悔、不捨，以及遺憾。

正念

　　人們對於未知的事物往往充滿美麗的想像。當我第一次聽到「正念」這個名詞，腦中想的全都是與「正面積極」有關的態度，無論是正向的想法，或是端正的念頭。

　　但其實正念的英文是 Mindfulness，可以翻譯為「覺察」或是「靜觀」，意思就是全心全意地專注在當下發生的事，包括內在的感受，以及外在環境的變化。如果透過中文來剖析，「正」代表正在進行式，也有專注的意思，而「念」則是指心中的念頭、想法、感受，以及情緒。

> 「正確的覺知，覺知當下此刻的真相。關於過去只是記憶，關於未來只是期待、恐懼，或是想像。」

　　正念的核心概念相當簡單，就是透過覺察當下，也就是保持好奇心，不帶任何批判，觀察並接納自己所有的念頭。這跟「設計人生」（Designing Your Life) 課程中，每一位生命設計師必備的三種成長心態（不批評、不打斷、保持好奇心）完全不謀而合！

　　練習正念最好的方法就是聽別人說話，還有與自己的內心對話。在聆聽的過程中，你有沒有放下心中其他的雜

念，全心全意的專注在此刻？

　　無論是話語的內容、聲音與表情、情緒或是感受，全都如實地接受當下所有的一切。當你開始放下了對於自己或是他人的執著與偏見時，就會開始接收到全新的訊息，並且擁有截然不同的認知。

　　每一個人都可以透過「正念」專注地活在當下，找回自己最純淨、快樂、不被干擾的初心。

鐵鐘

　　由於神聖的靜默，整個內觀中心始終維持著一片寂靜，你聽不見任何的談話或是音樂聲，除了在固定時間敲響的鐘聲以外，整個世界彷彿按下了「靜音」的按鈕。在日復一日靜坐的過程中，我一次又一次進入安靜清明的身心狀態，然後再伴隨著鐘聲的呼喚，一遍又一遍回到這個有聲有情的人間。

　　鐺～鐺～鐺～

　　我好奇依循著鐘聲的出處，終於在一樓大門的入口旁邊，找到了一個懸掛著的鐘型鐵片，它看起來小小扁扁的，跟我印象中在寺廟裡的大鐘完全不同。但無論你人在內觀中心的哪一個角落，都可以清晰聽見它被敲擊時發出的洪亮聲音。從每天四點清晨的起床呼喚，到每堂課程的上課提醒，一開始我聽到的是鐘聲，但到後來我聽見的卻是「當下」。

　　當～當～當～

　　在那之後，我把手機的鬧鐘和提醒鈴聲全都改成敲鐘的聲音，時刻提醒自己要安住當下，活在此刻。

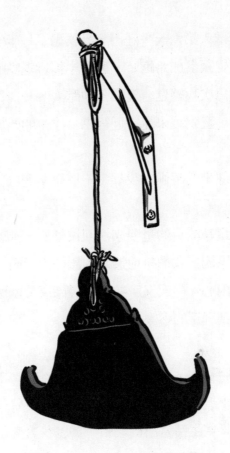

第六天：根源

課程進入第六天，好不容易挨過了一半的日子，這種煎熬的感覺跟參加路跑時，通過半程折返點的感受簡直如出一轍。每次我總是一邊痛苦地跑著，一邊懷疑起自己報名的動機，直到越來越接近終點，才會開始放鬆享受著比賽的感覺。

每次靜坐的時候，我都會不停思索著自己為什麼會來到這裡？

既然這趟的目的是要來找回快樂的，那就得要先找出不開心的原因。我顫抖地透過內觀伸出手術刀劃開自己封閉已久的內心，一次又一次潛入最深層最幽閉的角落裡，試圖要找到真正的答案。

> "內觀的方法可以根除三種不快樂的根源：貪愛、瞋恨與愚痴。經由持續不斷地練習這種方法，可以消除日常生活當中的緊張，將綁得緊緊的「結」打開，並且能根除對愉快或不愉快的情境所生起的貪瞋舊習性。"

我發現自己大部分的感受，都是失敗所帶來的悔恨，

尤其是失業失婚造成的衝擊與改變。當意外踏上了不曾想像的嶄新人生道路之後，對於未來的迷惘與不安，又繼續帶來更多的期待與落空。

而回到當下，自己面對的卻只有靜坐時身體的不適，以及內心的糾結而已。

我開始把注意力從過去和未來收回，就像是陸續招回三魂七魄一般，就這樣反反覆覆地，就在某次靜坐的瞬間，我意識到胸口的「心」重新恢復了跳動，眼前的一切突然間變得如此美好，快樂的感受終於回到了自己身上。

找回心，就會有力量。重新跟自己的內心對話，就能找回久違的覺知與感受。

業力

　　你一定聽過「種瓜得瓜，種豆得豆」這句話，但肯定不知道其中隱含了「心想事成」的顯化祕訣。「業」在古印度梵語中的字面意思是「行為」，尤指日後將產生果報的行為，「業力」則指個人過去、現在所有的行為，引發的各種集合所產生的結果。

> 　　"如果你種的是甜的種子，就會有甜的收穫，如果你種苦的種子就會有苦的收穫。種什麼種子就產生什麼果實；正如什麼樣的行為就會產生什麼樣的後果。"

　　每個人無時無刻都在透過每一個行為（身業）、每一句話（口業），甚至每一個念頭（心業），種下一個新的「因」，也因此能夠在未來得到相對應的「果」，這除了是宇宙永恆不變的真理，更是創造命運的終極法則。

　　回想出社會工作這 20 多年來，我始終秉持著善念待人處事，雖然沒有太多過人的成就，卻因此幸運得到許多貴人的幫助，才順利完成多次跨領域產業的轉職，還成功克服了中高齡失業的挑戰。為此，我始終心懷感激。

　　但為何如此幸運的我，會突然間失去一段不捨的婚姻呢？我依舊百思不得其解，直到有一天，讀到了這個醍醐灌頂的故事：

　　從前有個書生，和未婚妻約好了在某年某月某日拜堂成親。到了大喜之日，未婚妻卻選擇嫁給了別人。書生傷心欲絕，從此一病不起。一位僧人剛好路過化緣，從懷裡取出一面銅鏡，請書生瞧瞧自己的前世。書生先看到了茫茫大海，又望見一名不幸溺斃的女子，一絲不掛地躺在沙灘上。

　　此時先來了一個人，看一眼女子，搖搖頭，走了。接著又經過一個人，將衣服脫下給女屍蓋上，也走了。最後再路過一個人，他停留了下來，先小心翼翼把屍體掩埋了，最後才離開。

　　僧人對書生解釋說，那具沙灘上的女屍，就是你未婚妻的前世。你是第二個經過的人，曾給過她一件衣服，她今生和你相戀，只為了還你一個恩情。她最終選擇報答一生一世的人，是最後那一個親手將她掩埋的人，那人就是她現在的丈夫。

　　萬般皆是業，半點不由人。一定是因為過去的自己做得不夠多、更不夠好，所以才會得到此刻這般的業力果

報。從今之後我要坦然面對，如實接受上天所有的安排。

　　過去的你，創造了此刻擁有的現在。現在的你，正在創造屬於自己的未來。

貪愛

「人為財死，鳥為食亡。」每個人都有窮盡一生追求的事物，那成為你我奮鬥不懈的目標，卻也帶來永無止盡的痛苦。在我們的日常生活中，真正「需要」的東西並不多，「想要」擁有的欲望卻無窮無盡，那些無法滿足的執著形成「貪愛」，讓單純的靈魂失去了自由，從此深陷在無間的地獄之中。

> "如果是樂的話，人就會產生喜愛的反應，進一步形成貪愛執著，也就是「貪」。"

相信有很多人都認為，在這個世界上最貪婪的一種人，絕對會是那群最有錢的富人。雖然他們已經擁有好幾輩子都花不完的財富，卻還是每天拚了命的想要賺更多的錢，擁有更大的權力，登上更高的地位。前美國總統唐納・川普（Donald John Trump）就是最好的例子。

我原本以為越有錢就會越快樂，但在川普的臉上卻永遠感受不到喜悅，他就像是越來越大的氣球，不斷充氣膨脹著，感覺隨時隨地都會爆炸，引發世界巨大的災難！

有錢人的腦袋到底在想什麼？為什麼永遠都不滿足？

《當富豪遇上僧侶》書中的故事，解答了我的疑惑。

中年企業家安德烈總是對生活不滿，他以為內心長期的空缺、不快樂，是因為自己還不夠有錢。**「我很有錢。但是我感到空虛、不快樂，這個世界根本讓人快樂不起來！」**

為此，他投注所有的時間，整整四年沒休過假。就在身心不堪重負時，他決定到泰國的寺廟放鬆身心，期望從這趟旅程找到賺取更多財富的新動力。但萬萬沒想到，他的人生竟然從此徹底翻轉了……

我邊讀邊想著，這不就是自己參加內觀課程的翻版嗎？雖然我不是富豪，也沒有遇上僧侶，卻透過這趟心靈之旅開啟了智慧。這除了是一個追尋人生意義的真實故事，更是一趟逆轉人生的意外旅程。

快樂、滿足、痛苦，都是一種選擇，由你決定！

《當富豪遇上僧侶》

脫水機

　　內觀中心頂樓是一座加蓋鐵皮屋頂的簡陋洗衣場，雖然沒有提供自動化的洗衣機，但仍貼心提供了一些簡易的洗衣設備，你可以將換下的個人衣物浸泡在臉盆裡，接著站在洗衣水槽前親手沖洗乾淨，然後倒入脫衣機中甩乾水分，最後懸吊掛在圍繞四周的曬衣繩上。

　　我上回這樣洗衣服是在 22 歲到外島當兵的時候。當時在天寒地凍的冬天，每次都邊洗邊難過哭著，怨嘆自己怎麼會抽到傳說中的籤王來到這個鬼地方。那是我第一次離家這麼遠，每天除了不停懷念著台灣本島的一切，更不斷思念著當時心愛的女友，慢慢變成了鬱鬱寡歡的阿兵哥。

　　每到休假日，我就會到全島最熱鬧的街上，先去商店買一手啤酒，再一個人躲到 MTV 的小包廂看盜版的最新院線片，半夢半醒地度過無所事事的一天。那段軍旅時光是我人生回憶裡最不開心的一段日子，如今想來甚是可惜，因為沒法接受眼前的當下，讓自己錯過了許多飽覽戰地風光的機會。如果時間能夠重來一次，我一定會到全島四處走走，好好感受當地的北海文化。

　　脫衣機運轉的時候會發出一種規律的聲音，從剛開始

丟進濕衣服後的「轟～轟～轟～」，一直到最後拿出乾衣
服前的「咻～咻～咻」，我常一邊聽著一邊想著，如果可
以把所有的煩惱和回憶通通都丟進去甩掉，自己的心會不
會變得更輕盈一些呢？

　　過去的事都已經過去了，無論是充滿快樂的回憶，或
是刻骨銘心痛苦的記憶，都成為生命中難忘的珍貴體驗，
我決定要心懷感恩地接受一切，心平氣和地看待自己的人
生。

　　願每個人都能從愛恨情仇中掙脫，從此不再白白受
苦。

第七天：習性

　　每個人的習性就像是電腦程式一樣，無論你喜不喜歡，有沒有察覺，都會自動產生許多反應，直到生命的最後一刻為止。常聽人戲謔說「狗改不了吃屎」，那身為人類的我們呢？其實也好不到哪裡去，不信你回頭看看自己過往的人生，肯定會有某些不斷重蹈覆轍的事情，直到有一天終於下定決心要痛改前非，你的未來才能夠開始有所不同。

> 　　"造成最強烈印記的習慣反應行為，一定會在心中浮現；而下一輩子就以同樣的心性開始，具有同樣性質的苦或樂。我們以自己的行為造就自己的未來。"

　　內觀教導我們生活的藝術，如何成為自己心的主人，如何不在此刻產生習性反應，如何快樂的活在當下。如果現在是好的，你就不必擔心未來，因為未來只是現在的結果，因此也一定會是好的。

　　古諺有云：「江山易改，本性難移。」要改變自己的性格雖不容易，但如果你可以覺知自身的感受，並對感受

保持平等心，在習性反應之處停止它，就能成為當下此刻的主人，讓自己脫離周而復始的苦惱。

　　自從搬回老家住後，我便時常為了兒子的教養問題與母親吵得不可開交，每當引爆內心的情緒按鈕被按下時，自己的行為就會開始失控，做出許多後悔不已的蠢事，像是捶牆壁、踢門，或是絕食抗議。在一次又一次的自我覺察之後，我才明白那全是自己過往的習性所造成，與引爆業力的他人毫不相關。

　　經過了整整一個星期的沉澱，我那焦慮不安的心總算安靜下來，彷彿像是平靜如鏡的湖水一般，開始如實映照出每個當下的自己，進入了一種心境清明的安定狀態。

　　家和萬事興。多些祝福，少些責怪，吵吵鬧鬧解決不了的問題，更需要用愛和同理才能好好化解。只要從此刻開始改變行為，就能夠立即脫離心中的苦惱。

純淨

　　兒子還很小的時候，我時常看著他專心玩耍的萌樣，回想起自己幼時一人自在獨處的模樣。對於我來說，那是這輩子活得最無拘無束的一段時光，每天起床只做想做的事情，不用在意別人的眼光，不必在乎有沒有意義。想哭就哭，想笑就笑，直到離家上學的那一刻為止。

　　天真的我自從跳進社會這個大染缸後，便開始沾染各式各樣的習性，原本單純的身上突然間變得五顏六色，看起來既庸俗又豔麗，像極了在馬戲團裡逗人發笑的小丑。我竭盡所能不停地表演著，直到從高空繩索上失足墜落的那個瞬間，才終於看清自己真正的能耐。

　　內觀中心的每位學員來自不同的地方，有著截然不同的樣貌、個性，以及生活習慣。我們彼此之間不能交談，也無法透過眼神交流，只能低頭看著彼此的身影，互相揣摩著對方真實的模樣。

　　我曾經試著猜測其中幾位同學的身分：

　　A君長得虎背熊腰，衣著頗有「8＋9」的風格，肯定是位混黑道的阿尼基大哥。

　　B君走路時總是搖頭晃腦，老躺在大樹下的長椅上，那副吊兒啷噹的模樣，一看就是個無業遊民。

　　C君身形挺拔，全身總是穿著麻紗材質的居士服，那氣質非凡的模樣，想必是從僧院來學習的師父。

　　課程結束後，我特地在離開中心前個別詢問他們的真實身分，得到了讓人驚訝不已的答案。

　　A君是學校的教授，酷愛健身運動。

　　B君還在大學就讀，對宗教感興趣，趁著寒假來學習體驗修行的方法。

　　C君則是研發工程師，被繁重的工作壓得喘不過氣來，特地逃到這裡來放鬆幾天。

　　透過這個失敗的實驗結果，我發現自己患有嚴重的「以貌取人」症候群，社會化的結果讓我們都忘記自己單純的靈魂，也不再欣賞對方真實的樣貌。

　　時候到了，快擺脫過去所有的束縛與限制，重新擁抱純淨的自己吧。

　　「**外套脫掉，脫掉，外套脫掉**

　　上衣脫掉，脫掉，上衣脫掉

　　面具脫掉，脫掉，龜毛脫掉，脫掉

　　通通脫掉，脫掉

　　脫！脫！脫！脫！」

　　（出自杜德偉歌曲《脫掉》，作詞：廖瑩茹）

瞋恨

　　人生不如意事十常八九。當事物的進展不如預期，我們開始責怪自己或是他人時，就在內心產生名為「瞋」的負面情緒。

　　瞋是一種心理狀態，包括憤怒、不快、厭惡、煩惱、仇恨、侵略，以及藏在情緒深處的畏懼。當人們因為不願意得到不想要的事物，或是得不到想要的事物，但又無法控制時，就會很容易進入這種瞋恨的狀態。

> 　　"如果是苦的話，人就會產生排斥的反應，進一步形成瞋恨厭惡，也就是「瞋」。"

　　有時候我們為了改變這些不高興的狀況，一不小心就演變成使用暴力的方式來解決問題。無論是人與人之間的惡行報復，或是國與國之間的戰爭衝突，都會為彼此帶來毀滅性的傷害，並造成不可逆的痛苦。

　　像是前幾天我和媽媽又起了口角爭執，當時超級生氣的我用力捶了房門好幾下，結果手馬上就破皮了，除了感覺拳頭好痛，內心更是難過到不行。透過這起難忘的事件，我覺察到在用暴力懲罰別人的同時，不小心傷害的其

實會是自己。

於此同時，我又想起自 2022 年開戰至今，導致全球糧食危機以及物價上漲的俄烏戰爭，兩國之間的新仇舊恨波及無數的平民百姓，因為彼此的瞋恨引發了整個世界的動盪與不安。歷史總是不斷重演，直到人類能夠記取教訓，共同制止這場鬧劇為止。

我握緊了此刻依舊疼痛的拳頭，決心不再受情緒的控制影響，傷害自己以及身邊的人。

放下心中所有的恨，你值得更快樂的自己。

小花

就這樣從日出前坐到日落後，終於慢慢習慣了每天打坐十小時的作息。一成不變的日子過久了，開始覺得有點無聊，就像當年當兵時的經驗一樣，於是我決定替自己找些樂子，開始探索四周的環境，好讓最後幾天的日子變得有趣一些。

內觀中心園區的形狀看起來像個上下顛倒的 L 型，一邊是學員上課生活的宿舍區域，另一邊是露天的籃球場，有兩座單柱式的固定籃框，兩座活動式後滾輪籃球架，四座籃框孤零零地彼此對望。從報到日一直到離開那天，我都沒聽見過籃球的聲音，我想，它們應該也在進行神聖的靜默吧。

籃球場的左右兩側分別圍繞著不同的植物，印象中認得出來的有香蕉樹、黃金扁柏、黑板樹，還有一些不知名的小樹與小草，遠遠看起來雖然都是綠色的，但如果你仔細靠近觀察，會發現它們除了形狀各異，顏色也有深淺不同的差異。參加課程的每位學員也是一樣，雖然同樣身而為人，卻有著截然不同的命運，各自帶著相似的煩惱，更為了相同的目的來到這裡。

那個目的是什麼呢？我想應該是解脫所有的痛苦，擁

抱真正的快樂吧。

　　坐在樹下的長椅上，我抬頭望著高聳的大樹，低頭看著遍地的枯葉，三不五時還能見著零星飄落的落葉。「上一刻明明還長在樹上，怎麼才一陣風吹過，就掉了下來呢？」我在心裡頭對著它們說話，但沒能得到任何回答⋯⋯

　　如果無盡的落葉代表人們的痛苦，那麼僅存的快樂究竟會在哪兒呢？我開始拚命尋找眼前的花朵，這幾天以來，竟然連一朵小花都未曾見過！

　　好不容易，才終於在一堆落葉的空隙裡，發現了兩朵黃色的小花。

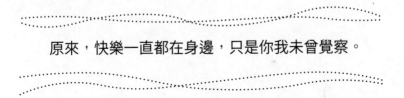

　　原來，快樂一直都在身邊，只是你我未曾覺察。

第八天：無常

　　每個人這輩子都必須要經歷「生、老、病、死」的過程，也時刻都在體驗「成、住、敗、空」的階段，這些生活中的無常讓我們感受到「喜、怒、哀、樂」的情緒，也是讓心情起伏不定的最大根源。

　　一般人都會在親人突然離世、或是遭遇重大事故時，才開始感受到無常的存在。我印象最深刻的是幾年前有一位辦公室的年輕同事，在深夜加班回家的路上遭遇交通事故，突然就離開了我們！

　　還記得那天的天空很藍，全公司的人一起搭車去參加她的告別式，我的主管哭得很傷心，我也難過了好久。送她去火化時，我抬頭看著天上飄過的一片片白雲，第一次覺得人生真的好像浮雲一般，不管開心或是難過終將都會消逝。

　　"假如你執著占有某個事物，而事物的變化卻非你所能控制，那麼你必定會為自己製造出煩惱。通常一般人認為痛苦是指不愉快的感覺經驗，但愉快的感覺經驗也同樣會成為痛苦之源，如果你對它們產生執

> 著的話，因為苦與樂都同樣無常。執著於無常的事
> 物，結果必然會帶來痛苦。"

　　在內觀靜坐時，你會透過身體的實相不斷覺察無常，學習用平等心去看待發生的一切。

　　有一次，一隻不知從哪兒飛來的蚊子停在自己臉上。我心想糟了！牠接下來一定會叮我！因為堅決靜坐時不能隨意移動身體的任何部位，所以只能在心裡不斷祈禱牠趕快飛走。我能夠感覺到蚊子微細的移動，上一刻原本停在額頭上，下一刻又飛到鼻頭上，不知道經過了多久，牠終於消失不見了。

　　除了身體的疼痛不斷反反覆覆，心裡的念頭更是不停叨叨擾擾。而我唯一能做的就只是忍耐，用全身的感官去覺知，並且心平氣和地接受眼前的一切。

　　世界上唯一不變的真理就是「變化」，內觀的真諦是要我們用平靜平等的心去面對一切，所有的感受都是暫時的，都會過去的。面對不好的感受不要起嗔恨之心，對於愉悅的感受不要心生貪念，因為無論好的壞的，終究都會過去。

當你領悟了無常，就能用平等心去看待生命中發生
的一切事物，得到真正的平靜和快樂。

安寧

　　印象中曾聽人說過，在內觀靜坐時可能會有一些神奇的體驗，像是突然間靈魂出竅，或是接收到某種特殊的感應。帶著半信半疑的心，我一路認真練習到了第八天，終於在一次修習當中，擁有了這輩子的第一次奇特經歷。

　　那次靜坐到一半時，我突然間覺得自己進入了一種「狀態」，四周變得一片漆黑安靜，彷彿身邊所有的人都消失了，只剩下我一人獨自靜靜坐著，那是一種前所未有，舒適自在的感受。不知道經過了多久，在黑暗中我彷彿瞧見了一絲微光，就來自於我盤坐的雙腿中央。

　　我好奇地往下窺視，想瞧清楚那道光的來源，然後意識就脫離了身體，潛進自己內在的深處。就這樣不斷往下，不斷往下，好不容易抵達意識的最底部。我終於看見一個長方形的寶盒，它正透過縫隙不斷發出耀眼的光芒，一路招喚我來到這裡。

　　不知哪來的勇氣，我下意識地伸出手打開眼前的寶盒。一開始，先是感覺有道閃光從雙眼之間迸射出來，接著感受到雙腿膝蓋變得滾燙，最後是自己的天靈蓋裂開成兩半，腦袋瞬間赤裸裸露了出來，寶箱的光芒也同時移轉到了自己身上，整個人開始發出耀眼動人的光芒！

正當我覺得不知所措時，腦中突然響起一個洪亮的聲音告訴自己：

「恭喜你獲得了三個寶物，第一個是『智慧』，第二個是『自信』，第三個是『覺察』，好好帶著這些收穫，重新展開你的人生吧！」

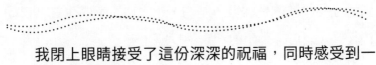

我閉上眼睛接受了這份深深的祝福，同時感受到一種前所未有的安寧與自在。

無明

　　無明就是愚痴，如果你每天都在重複做一件相同的事情，卻始終不明白這件事情的道理，或者是對於這件事情的真相一無所知，這就叫做「無明」。而每個人經常會受到過去的經驗或是習慣所制約，不由自主地產生許多自動化行為，這就是俗稱的「習性反應」。

> 　　「學習觀察自己內在的身心現象，漸漸地，我們就會脫離無明，因而脫離習性反應。習性反應是基於無明。沒有學習過觀察己身實相的人，不知道內在深處究竟發生什麼事，也不知道他是如何以貪愛或嗔恨在反應，產生緊張而使他自己痛苦。」

　　我是個不善同理孩子想法的父親，時常因為一時的情緒就不小心動怒，在子女幼小的心靈刻下難以抹滅的傷痕。多年之後驀然回首才發現，當初自己的無心之舉，竟然重重傷害了心愛的孩子們。無獨有偶的，我也透過幾乎相同的方式，無情傷害了許多無辜的人，親手造下許多業，犯下無可彌補的錯誤。

　　女兒很小的時候，有一次我下班買了手搖飲料回家，

她開心接下抱走了那杯飲料後不久，下一秒就不小心跌倒了。沉甸甸的飲料杯在落地瞬間應聲而破，裡頭的珍珠、蒟蒻、布丁、還有奶茶瞬間灑滿整個客廳的地上。

連鞋都還來不及脫下的我面色鐵青，站在門口大聲斥責：「才剛買的飲料，連一口都沒喝就沒了，還搞成這樣！」我心疼那杯價值新台幣 65 元的飲料。

前妻見狀立刻衝上前來，一邊抱起嚎啕大哭的女兒，一邊拿出抹布收拾地上的慘狀。她心疼自己和四歲無辜的孩子。

多年之後我才終於明白，當時自己應該在乎的不是那杯有價的飲料，而是對女兒無價的關懷，以及對妻子無限的感激。可惜的是，我錯過了那個珍貴的瞬間。

相同的事件反覆不停地發生，我不斷種下讓彼此關係漸行漸遠的惡行，終於迎來了悔恨一生的惡果……

願大徹大悟，痛改前非。

大樹

　　內觀中心園區有四棵高聳的黑板樹，樹下由石塊與木板拼接而成的幾個長椅，是學員最愛造訪的人氣角落。休息的時間一到，你可以看見每個人採用不同的姿態，無論是坐著、躺著、蹲著，甚至趴在上頭歇息的模樣，就像是欣賞人生百態一樣，讓人看完不覺莞爾。

　　這四棵大樹也是一樣，它們雖然比鄰一起生長在相同的這塊土地上，卻擁有各自不同的型態樣貌。第一棵樹幹最粗，第二棵葉子最茂盛，第三棵分枝最多，第四顆姿態最獨特。

　　有一日，我突然好奇究竟哪棵大樹長得最高？於是趁著到頂樓洗衣時仔細觀察了一會兒，發現冠軍竟然是看起來最瘦弱的那一棵。神奇的是宇宙對待它們可是一視同仁，無論是高矮胖瘦或是環肥燕瘦，都一起沐浴在和煦的陽光之下，共同生存在新鮮的空氣之中，也公平地被從天而降的雨水滋潤，從幼苗長成了今天林蔭蔽天的模樣。

　　其中有棵大樹感覺好像生了病，除了表皮的顏色較淡，枝葉也明顯較稀疏，不過它依舊堅毅地挺立著，繼續守護著自己身旁這塊小小的區域，替來到這裡的每個人提供相同的樹蔭，一直到再也無法照顧大家為止。

究竟什麼才是生命的意義呢？我想，大自然會告訴我們答案。

第九天：我執

說來你一定不會相信，幾年前的我，其實是個頑固不靈的老傢伙。

不知道打從什麼時候開始，「應該」成了在我腦中最常浮現的一種念頭。某某人應該這樣做才對，某某事應該那樣幹才行。我像是政論節目那些名嘴一樣，瘋狂地對身旁發生的一切妄下評論。

尤其是成為公司的主管之後，我除了變本加厲，更將這個壞習慣帶回家中，鎮日對著無辜的前妻和孩子們指指點點、叨念不休……

每當事情照著自己的期盼發生，我立刻趾高氣揚得意起來，一旦遇到突發的事件變化，我馬上就陷入憤怒焦慮的情緒狀態。雖然看起來總是彬彬有禮，事實上卻讓人難以親近。我慢慢變成憤世忌俗、鬱鬱寡歡的中年大叔。雖然自己擁有的越來越多，內心快樂的時光卻越來越少。

直到意外失去了工作，成為個人品牌工作者之後，我好不容易在寫作、錄音，以及授課的過程中，重新找回自己久違的成就和滿足感。萬萬沒想到突然間又失去婚姻，我百思不得其解，為什麼自己會接連遭遇這不幸的一切呢？

"內觀的方法可以根除三種不快樂的根源：貪愛、瞋恨與愚痴。經由持續不斷地練習這種方法，可以消除日常生活當中的緊張，將綁得緊緊的「結」打開，並且能根除對愉快或不愉快的情境所生起的貪嗔舊習性。"

一路想到了第九天，我突然想通了其實沒有什麼是應該的，也根本不存在任何的不應該。萬事萬物都只是如實存在著，唯一能夠影響你情緒的，就只有每個人主觀的感受和想法罷了。

該是時候，放下這些無謂的我執念頭了。

愛情

「問世間情為何物？直教人生死相許。」自小到大，我一直對於愛情有種莫名的憧憬，總認為兩個人相愛一定要廝守到老，才能夠稱作是完美的結局。其中最具代表性的，就是在西方的童話故事裡，最後一定會出現的那句「王子與公主從此過著幸福快樂的日子」。

隨著年紀越來越大，讀過的故事越來越多，我才驚訝的發現幾乎每個動人的愛情故事，都沒能迎來這個美滿的結局。無論是傳誦千古的中國四大愛情故事（牛郎織女、梁祝、白蛇傳、孟姜女）或是引人熱淚的西方經典愛情作品（羅密歐與茱麗葉、人魚公主、茶花女）都告訴我們，真正的愛不在乎天長地久，只在乎曾經擁有。

為了探究「愛」的本質是什麼，在每週播出兩集的「分手的 99 個理由」Podcast 節目中，我藉由與主持搭檔胡咪老師的對談，不斷深入探究自己的內心，希望能夠找出真正的答案。在一集【閱讀療心室】討論經典文學《小王子》的愛情觀時，讀到了這段充滿寓意的話語：

"如果一個人在幾百萬顆星星當中，愛上獨一無二的一朵花，那麼他只要能夠望著，就會覺得很快

樂。"——　安東尼‧聖修伯里（Antoine de Saint-Exupéry），《小王子》作者

　　愛是一段互相承諾的關係，彼此賦予不凡的意義，讓生命變得更加圓滿。

〈我愛你，因為「我們」如此獨一無二！〉

慈悲觀

課程進行的每天晚上，我們都會一起聆聽葛印卡老師的開示，透過大約一小時的錄音指導，開始一步步理解「法」的智慧。對於這輩子不曾認真接觸過任何宗教典籍的我來說，是個既新鮮又有趣的學習過程。

我從小生長在多元融合的家庭，來自苗栗的客家老媽平時會到廟裡拜拜，渡海來台的福建省老爸偶爾會上教堂告解。自己就這樣跟著他們東跑西混的，親眼見識到「信仰」為人們帶來的影響與改變。一直以來，我十分渴望找到一種能夠跨越國家、地區、種族、宗教的「真理」，那除了能夠讓自己找到依歸，更能讓這個世界變得更加美好，對我來說，那才會是真正的信仰所在。

英文裡，faith 這個字有三層由外而內的含義，分別是「信仰、信心、信念」，每個人都能夠依照自己選擇的信仰，懷抱著堅強的信心，維持住內心的信念，遵守著特定的紀律生活下去。隨著一天天內觀課程的練習及開示，我慢慢發現了一些值得信奉一輩子的價值觀和方法，尤其是在課程進行到尾聲時，老師帶領著我們一起練習的「慈悲觀」。

"當人們發展慈心，隨喜心和悲憫心自然會隨之而來。慈心能消除對他人的嗔恨、敵意和憎惡，它也能去除對他人的妒嫉與羨慕。"

每次內觀課程結束時，或是在一小時的靜坐後，老師都會帶領我們以「慈悲觀」與一切眾生分享功德。慈心的波動是真實的波動，隨著心變得越來越清淨，慈心的力量也會相應增強。每個人一起透過充滿善念的祝願，透過正能量的傳遞，散播出自己心中的愛與感動。

回顧過往的經歷，我曾經不只一次在參加過的祭祀法會、葬禮儀式、或是婚慶喜宴上有過類似的感受，原來所有的生命都是一體的，所有的道理也都是相通的，只要自己覺得快樂，就能影響身邊的人也感受到快樂，這個世界就可以變得更快樂！

願你快樂，願你自痛苦解脫，願眾生安詳快樂。

鐵窗

內觀中心四周全被鐵製的欄杆以及竹製的圍籬所包圍，加上幾棵參天大樹的屏蔽，形成了一個遺世獨立的神祕結界。園區寂靜無聲，你只能透過縫隙看見零星散步的人影，聽見偶爾傳出的敲擊鐘聲。跟隔壁白天總是充滿孩童笑聲的天主教輔仁幼兒園相比，形成了猶如天堂與地獄般的強烈對比。

每次到餐廳吃飯時，我都會安靜坐在自己的座位上，一邊望著隔壁輔仁高中色彩繽紛的校舍，一邊慢慢仔細地咀嚼口中的食物。眼前的鐵窗雖然隔絕了外頭的世界，也限制住行動的自由，但我的「心」卻掙脫了過往的枷鎖，並意外獲得空前的解脫。

真實世界裡的鐵窗只能夠限制住身體的自由，隱藏在心中的鐵窗卻可以束縛住自由的靈魂。

利用餐後休息的時間，我會一個人跑到頂樓清洗衣物，然後趁著使用脫水機的時候，站在曬衣場的鐵窗前眺望著遠方，思考離開中心後想要做的一些事情，像是：出

國旅行探險的決定，或是書寫《用夢想設計你的人生》的靈感，全都是在當時突然間蹦出來的！

　　隨著日子一天天過去，十日的內觀課程也即將接近尾聲，我開始有點依依不捨，希望能夠透過文字記錄下過程中所有的感動，於是才誕生了此刻你正在閱讀的這部作品《內觀覺察》。

第十天：快樂

　　如果把人生上半場比喻為汲汲營營的「加法競賽」，那下半場肯定會變成驚心動魄的「減法遊戲」。當過往那些好不容易辛辛苦苦、甚至處心積慮才得來的一切，都不斷隨著時間慢慢消逝時，你一定會開始認真地思考起此生真正的目的與意義。

　　回首過往，我曾經度過許多幸福的時光，但當那些美好的人事物離開後，快樂往往也隨之而去，只在心中刻下淡淡的記憶。離婚之後我時常會一個人望著堆滿雜物的臥室，思忖著自己一輩子的打拚究竟是為了什麼？雖然家中擁有的東西越來越多，卻沒有半樣物品能夠在離開這個世界時帶走。如果可以選擇的話，我只想要帶走那些「快樂」的回憶而已。

　　"有人曾經問佛陀什麼是真正的幸福。他回答說，最大的福祉是在面對生命的起起伏伏、興衰榮枯時，仍能保持心的平衡。我們都會面對苦樂、勝負、盈虧、毀譽的各種處境，每個人都一定會遇到這些情況，但我們是否都能一笑置之，真正地打心底一笑置之？如果我們在內心深處有著這種平等心，我們就享有真正的快樂。"

　　課程終於來到最後，我每天從早到晚持續不斷地練習靜坐，希望能夠藉此獲得更多的感受，遺憾的是除了內心持續湧現的各種情緒之外，自己始終未曾體驗過傳聞中的光、能量、或是神通。雖然心生嚮往，但仔細想想，這其實也是一種貪念罷了。

　　我如實完成了十日的內觀課程，除了學會放下心中的期盼，更透過內觀的平等心接受了自己，找回了無所不在的自在與快樂。

　　謝謝重新發現這套修行方法的釋迦牟尼佛，謝謝將法傳遍全世界的葛印卡老師，謝謝與我們一起禪修解惑的陳榮文老師，謝謝專程來到內觀中心服務學員的每一位法工，謝謝給了一次公平的機會學習，並且堅持到最後一刻的我自己。

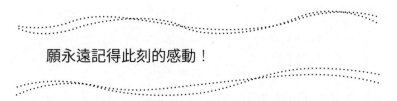

　　願永遠記得此刻的感動！

臣服

聽說人在死前都能看見自己的「人生跑馬燈」，尤其是在那些生死交關的存亡時刻，過往的回憶會一股腦兒地自動播放上映。我這輩子過得平安順遂，過去雖未有過這般神奇的經歷，卻在課程靜坐時體驗過多次深刻的感受。

剛開始時我覺得超級興奮，睜大眼睛（當然是想像中的）不斷深入記憶的深處，希望能夠找回至關重要的快樂線索。就這樣一路由幼時追憶到年少，從孑然一身期盼到成家立業，看著看著我突然發現，自己就像是電影《楚門的世界》（The Truman Show）裡可憐的男主角，雖然每天都拚了命地演出，鎮日過著自以為是的人生，卻始終無法掙脫荒謬劇情的安排。在這場實境秀裡，自己只是入戲太深的演員，劇本是如同肥皂劇的人生，而導演是仁慈的上帝。我不斷練習透過內觀的方法觀照內心，不帶情緒看待所有曾經的過往，不停心存感激接受此刻擁有的人生。

> "臣服不是懦弱，不是委曲求全，更不是消極地隨波逐流。真正的臣服是勇敢地放開自我，全然擁抱當下的變化，然後，我們才會看見生命所安排好的、種種超乎意料的驚喜。"

　　我不自覺又想起了另一部電影《沒問題先生》（Yes Man）的劇情，當你開始接受生命中所有的安排與邀請，勇敢向每個機會都說「YES」時，除了能夠扭轉過往的命運，也將會迎來好運紛至的人生。

臣服，是面對生命最大的力量！

〈臣服實驗〉

涅槃

人的一生究竟為何而來？

傳說釋迦牟尼佛原是古印度一個小國的太子，因不忍世人飽受生老病死之苦而開始修行，最終覺悟成佛，向世人宣講離苦得樂的方法，而這套修行的方法就是「內觀」。

本名悉達多的佛陀誕生在皇室，天性聰穎好學、智慧武德兼修。16 歲便成婚，29 歲方獲子，是當時不折不扣的人生勝利組。在 29 歲時的某一天，他離開居住的皇城在外巡遊，沿路看見了老人、病人、死者的各種苦狀，也親眼見證到修行者顯現的超然威儀。自此之後，他便經常思索離苦得樂之道，卻總是苦思不得其解。

由於對於修行者的智慧感到傾慕，在某個月圓之夜，他騎上馬離開了皇宮，就此踏上修行之路。悉達多太子遍訪名師尋求解脫之道，經過連續六年一天只吃一麻一粟的苦行問道後，仍然無法解脫煩惱。35 歲時他來到一棵菩提樹下打坐入定，發誓「不成正覺，誓不起座。」

第 49 天的夜裡，在仰望天空明星的當下，他豁然徹悟了世間一切的生成與消失，都有其因果，煩惱源自於對事物的錯誤認知與執取，當執取對象消失、壞死時，苦惱便隨之而生，如此重複不斷，使生死不斷輪迴。

> "對任何體驗都保持覺知與平等心，我們將心中所有深藏的糾結煩惱都加以淨除，一步步接近涅槃解脫的目標。"

　　原來人活得不愉快，是因為始終看不清事情的真相，總是強求不該屬於自己的東西。如果要快樂過活，就必須去除心中的執念惡習，不受情緒的控制左右。一旦心淨化了，便會自然對他人充滿善意、慈悲，不會有傷害他人之舉，也不會傷害自己，就能擁有健康快樂的生活。

　　涅槃就是解脫，當自己消失了，你就能夠從恐懼與欲望的循環裡解脫，在受苦中找到出離痛苦之路，開始體驗到真正無我的快樂。

燕子

　　自古以來燕子就是「福氣」的象徵，家家戶戶都相信燕子是具有靈性的動物，被其選中築巢的幸運人家，即將迎來幸福和財富。印象中小時候在自己家裡店門口的走廊上緣，就居住著一整窩嘰嘰喳喳的小燕子，替我們家帶來源源不絕的好生意，也讓自己快樂健康的平安長大。

　　在課程最後一天下午的共修結束後，我一個人走到頂樓收拾曬好的衣服，鐵窗外突然飛來一隻瘋狂的燕子，穿著黑色燕尾服的牠不斷透過∞形的飛行途徑俯衝盤旋，就這樣維持了長達十分鐘的時間。看著眼前這個正在竭盡所能、自在飛翔的小傢伙，我突然明白了前妻離開我的決心。

　　當她終於做出決定，而我願意大方成全時，雖然走到愛情的盡頭，卻換來彼此的自由。自從意外失去婚姻以來，我就一直在思考愛與關係的本質。就如同幾年前遭遇失業後，我才開始探討工作對於人生的意義。

　　慢慢地，我發現真正的愛其實並不會消逝，它只是轉化成為另一種形式，繼續存在兩個人之間罷了。就像是電視劇《有生之年》裡吵吵鬧鬧的那一家人，互相羈絆牽掛了一輩子，無論遭遇什麼變故，都依舊是彼此心中最在意的存在。

當影后楊貴媚飾演的高媽提出離婚的要求時，飾演高爸的資深演員喜翔一開始覺得很丟臉超沒面子，但後來他終於想通了，最後做出成全另一半的決定。

「人活在世上真的很短，今天跟妳聊聊天，也許明天就不見了，為什麼不讓自己快樂一點，對不對？」

高媽一個人走到河濱公園，一邊吃著自己喜歡的早餐，一邊想起即將結束的這段婚姻，一邊笑著，一邊哭著。在電視機前的我，哭得比她還慘，也笑得比她更誇張。

不是不愛了，只是緣盡了。分手其實不需要什麼理由，離婚也沒什麼大不了，記得好好活著，在有生之年，用心珍惜昇華的這段關係。只要我們永遠是一家人，這就足夠了。

願妳從此無拘無束，盡情快樂地自在飛翔！

重啟日：這不是結束，而是另一個開始

還記得走出內觀中心的那一刻，心中不由自主升起一股重生的喜悅。回想起上次有這種感受，是在自己 24 歲退伍時，從馬祖北竿搭乘小飛機抵達台北松山機場降落的那個瞬間。

這段長達十天的內省過程中，我學會了放下心中的遺憾，開始改用一顆感激的心，祝福每一位自己曾經愛過，以及每一位曾經愛過我的人，都能無時無刻過著寬心自在的人生。

著名的「遺忘曲線」[2] 提醒了我們，若是沒有複習，在學習後一個鐘頭，學會的內容就會先忘記 56%，一天之後會繼續遺忘 66%，一個月之後更有將近 80% 的記憶會消失不見。由此可知，大腦遺忘的速度極快，學習一旦停止，即開始遺忘。

結束內觀課程，離開了中心之後，真正生活中的修行，才正要開始！

---

2. 遺忘曲線（Forgetting curve），心理學家赫爾曼‧艾賓浩斯（Hermann Ebbinghaus）透過實驗的結果提出，是用於表述記憶中的中長期記憶的遺忘率的一種曲線。

"沒有人能替你修行，你得自己來。你必須自己去探究內在的實相，你必須自求解脫。"

實踐：找回真正的快樂

惟有實修才能解脫，光是討論沒有用。

〈與哈拉老師的內觀分享會〉

生活中的十大美德

在內觀課程結束前，葛印卡老師提醒我們要持續把修行的方法應用到日常生活中，正法是生活的藝術，如果無法將之用在生命的每個片刻，來參加課程就比舉行宗教儀式或典禮好不到哪裡去了。

每當不如意的事發生，你的心突然間失去了平衡，開始產生負面的情緒。當心中升起情緒，人就會變得痛苦，進而忽略快樂的感受。

要如何避免負面情緒，不自尋煩惱，保持內心的安詳和諧呢？

只要透過培養出十種良好的心理特質，也就是十個波羅蜜（Pāramī，超然的美德），就能讓我們不再受外在人事物的影響及控制，越來越接近心靈上的解脫。

這十種美德分別是：

一、捨離

二、持戒

三、精進

四、智慧

五、忍辱

六、實相

七、堅決

八、慈心

九、平等心

十、布施

　　搭上返鄉的火車，我把這十個波羅蜜抄寫在一張小紙條上，從此放在隨身的皮夾中攜帶著，每當感到內心焦慮不安的時候就把它拿出來重讀一遍，提醒自己要時刻修行，繼續練習下去。

　　這十個美德深深影響了從小到大沒有受到任何「家訓」規範約束的我，從此成為自己信奉的行為守則，也就此改變了自己信仰的價值觀。接下來就讓我來跟你分享，自己是如何透過十個發生在日常生活的事件，並透過十位採訪過的來賓朋友身上，親眼見證到實踐這十種美德所帶來的巨大價值。

一、捨 離

在梵文中，捨（Upekkhā）由 upa（平等）以及 ikkha（看見）所組成，字面意義為平等、不帶成見、不偏頗的觀看。

來參加內觀課程的每個人都捨棄了平日的生活，在短暫的修行期間脫離了身外之物，居住在同一個空間過著規律的生活，每天不斷練習觀看自己的內心。這一切都是為了消融自我，去除我執，體悟到一種平等而安穩的心態。

你有多久，沒有跟自己的心好好對話了？

你有多久，沒有心平氣和地看待身邊發生的一切了？

我發現，當自己心中開始產生執念，痛苦隨即接踵而來……

> "讓自己從貪、嗔、痴的束縛中解脫出來，享受真正的安詳、真正的和諧、真正的快樂。"

許多人這輩子一直執著於外在的事物，或是陷困在自己的內心，除了緊緊捉住手中的一切，更念念不忘腦中的所有。就像是另一個活生生被天神懲罰，不斷推著大石頭負重前行的薛西弗斯一樣。

　　近年來全球興起了一波對於物品「斷捨離」的風潮，斷捨離指的是「斷絕不需要的東西；捨去多餘的事物；脫離對物品的執著」。當你把相同的概念應用在生命之中，透過捨離的過程，必將獲得更多的智慧，體驗更多的美好，擁有更多的喜悅。

超人氣企業講師——郝旭烈

　　郝哥是科技業和金融業出身的暢銷作家與企業知名講師，我們倆有許多相似的地方，卻有著截然不同的職場際遇。他跟我一樣大學念的是工業工程學系，研究所讀的是企業管理，年輕時都待過大企業，也拿到了 PMP 國際專案管理師執照，但後來的成就卻比我高了好幾十倍。

　　是什麼因素造成了我們之間如此巨大的差距呢？

　　當你想搞清楚一個人為什麼能夠成功，最好的方法就是直接當面問他，在設計人生的方法中這叫做「原型訪談」。我一共採訪過郝哥三次，一開始先從他寫的書籍開始介紹，後來進一步聊到他獨特的價值觀，到最後才知道他獨特的成長背景。

　　原來郝哥在很小的時候就失去了父親，家中只靠母親含辛茹苦一人把三個孩子拉拔長大。當時住在眷村什麼都沒有的他並沒有怨天尤人，反而從小學四年級就跟班上同學靠著撿破爛換錢買書來看，後來改去鐵工廠賣廢五金賺錢。從那時起他就開始一邊讀書一邊拚命打工，當過家教、餐廳駐唱、直銷，還有廣告錄音。

　　畢業後，他進入人人稱羨的大企業工作，擔任過創投公司執行合夥人、金融控股公司董事總經理、半導體集團

總經理特助、經營企畫處長，以及財務高階主管。曾經年薪千萬的他，卻在人生的中場選擇急流勇退，淡出職場成為快樂的家庭主夫。

他照顧母親，陪伴妻子和兩個寶貝女兒長大，寫書創作，主持《郝聲音》Podcast 節目，四處授課分享，透過規律的運動和生活，重新啟動自己更加精彩的第二人生！

郝哥為什麼能夠做到人人稱羨的這些事情？我想那全是因為他的捨離之心。

因為從小就什麼都沒有，所以心中沒有執念，不認為有任何事物是理所當然的，也不貪圖眷戀眼前的一切。所以才能一次又一次透過智慧作出最適合自己的選擇。

> 「透過觀察、覺察、洞察，讓你成為游刃有餘的人生贏家！」—— 郝旭烈

〈「三杯茶」重新迎向富足的人生〉

覺察、觀察、洞察。

放下執著

23 歲那年，我抽中當時人人聞之色變的金馬獎前往馬祖北竿，在那個物資貧瘠的小島上度過了這輩子永難忘懷的一段軍旅生涯。那一年半的時間，我時常受到來自老兵的「不當管教」，其中包含無止盡的體罰訓練、言語辱罵，以及各式侵犯個人隱私的行為。

印象中最深刻的一次是某次返台休假後，回到部隊時發現自己上鎖的抽屜被撬開，擺放在裡頭的 CD 隨身聽、唱片、女友寫給我的情書、日記，以及一些鍾愛的私人物品全都不翼而飛。

我發了瘋似地衝去找單位的學長（老兵）理論，詢問他們為什麼要把我的東西丟掉？但他們每個人連瞧都沒瞧我一眼，就自顧自的繼續聊天，完全不理會我的存在。

那天之後，原本就已經不好過的日子變得加倍艱辛，每一天我都咬著牙忍耐著，每一刻我都帶著怨念生活著。我把全部的希望都寄託在退伍的那一刻，只要能夠脫離這個鬼地方，自己的人生就能夠重新開始！只要能夠再也不見到這些人，自己的未來一定就此海闊天空！

退伍之後，我的確如願展開全新的人生，但只要一回憶起這段往事，就會不自覺湧起滿滿的難過及委屈，尤其

是每當看見「合理的要求是訓練，不合理的要求是磨練」
這句話時，內心依舊充滿懷疑，直到參加了內觀的課程。

　　十日內觀的過程中，腦中不只一次重新浮現當時清晰
的景象，一幕又一幕重複上演著，當然並不是在靜坐練習
的當下，而是在那十天的日常生活當中。

　　過往人生的跑馬燈就這樣不斷自動上演著，直到自己
有意識地覺察，是時候把這些執念通通放下了。於是我開
始不帶成見、不偏頗地觀看回憶，用全然嶄新的視野，觀
照著自己過往的人生。

　　我終於明白，那些糾纏自己內心深處大半輩子的事
情其實沒啥大不了的。就算有的話，那也僅僅存在曾經的
那個當下罷了。當你逐漸放下自己心中對於人、事、物的
某些執著之後，就能夠心平氣和地接受眼前發生的所有一
切，懷抱著一顆平靜喜樂的心，單純且快樂地活在當下。

　　我很開心！我很快樂～

釋 放 念 頭

說出一個心中的執念，觀察並記錄過程中自己的感受，接著嘗試放下
這個想法。

我 想 放 下 的 念 頭 是

這 個 念 頭 替 我 帶 來 了

釋 放 這 個 念 頭 後 我 的 感 受 是

二、持　戒

　　修行的基礎是戒律（戒），先透過戒律培養出心的專注力（定），再經由實修的智慧（慧）來達成心的淨化。佛經常說：「勤修戒定慧，息滅貪嗔痴」，要得到真正的快樂，就要從認真持戒開始。

　　內觀課程期間，每位學員都必須遵守五戒（不殺生、不偷盜、不邪淫、不妄語、不服用菸酒毒品），每日依照規定的作息時間進行修習，用心體驗持戒的感受。雖然我從小到大一直是個奉公守法的好國民，但總在無時無刻以及無意之中犯了戒律。

　　挑選食物時，我偏愛活跳跳的生猛海鮮，這些年來幾乎天天都在喝酒，喝醉了就在腦中上演一場又一場荒唐的夢境，陪伴自己度過一個又一個醉生夢死的夜晚。

　　帶著一顆懺悔的心，在那整整十天裡我連一隻蚊子都不敢打，除了餐餐都吃素，更是滴酒未沾，徹底進行了一場身心靈的斷捨離。在規律的生活作息之下，我不再感到昏昏沉沉，體驗到了活在當下的滋味，透過每次呼吸，每個念頭，每口食物，每次行為，重新成為了自己的主人。

　　我開始漸漸感受到快樂，那是一種源自內心的喜悅，也是一股自在與安定的力量。不必依靠外在的刺激，也不

再寄託內在的想像，只有如實的活在當下。

　　當飲遍了世上的瓊漿玉液之後，我才發現自己真正需要的，其實就只是一杯簡單的水而已。

　　課程結束的那天，我訂下了五項人生的守則，時刻提醒自己要善良做人，守法做事，簡單生活，健康飲食，快樂過完自己的下半輩子。

　　不殺生：多吃素，不吃因我喪失生命的動物。

　　不偷盜：不侵犯他人的權益，不竊取他人的財物。

　　不邪淫：不做出任何傷害他人，違背道德的淫欲行為。

　　不妄語：不批評他人的功過，不議論他人的是非。

　　不服用菸酒毒品：開始戒酒，遠離任何對身體有害的物品。

　　持戒可以說是善法的基礎，也是一切修行的根本。戒不是拿來抄寫讀誦的，而是要去實踐奉行的。透過每日勤修「戒、定、慧」的過程，你一定能夠漸漸體悟到「因緣果報」的真理，慢慢取回快樂自在的主控權。

臨床心理師──洪培芸

　　培芸除了是一位執業的心理師，更是深受大家喜愛的暢銷作家。我時常邀請她到「分手的 99 個理由」PODCAST 節目中分享關於兩性關係的看法，她認為「認識自己」就是改變人生的起點，「活出自己」則是生命價值的體現，而「持續行動」讓一切成為可能。

　　在一次錄音當中，我意外得知她早在 24 歲的時候就參加了十日內觀的課程，也因此結下了善緣，逐漸踏上了持戒修行之路。因為長期過著規律的生活，全身上下都散發出一股正面的能量，所以我都稱呼她為「光明燈學姐」。

　　認識培芸的都知道她是個超級晨型人，每天早上四點就早早起床，第一件做的事情是先以閱讀校正思維，接著用寫作分享心得感想，然後靠練習瑜伽舒展身心靈，最後才展開一整天的忙碌的工作與行程。因為起得早，到了晚上八點左右她就會開始靜心準備就寢，最晚不超過十點入眠，讓自己完全進入休眠的狀態。

　　從不過夜生活的培芸臉上總是閃耀著動人的光芒，完全看不到一絲的皺紋或是任何疲態的神情。思緒清明的她經常受邀到企業、各大專院校、社福團體演講，也時常上電視、廣播及 Podcast 節目分享。日理萬機的她，為什麼

能夠一直維持在如此絕佳的狀態呢？

我想，這就是透過修行「戒、定、慧」所帶來的價值。

培芸常笑稱自己雖然身處在花花世界當中，但卻過著如同出家人般既規律又簡單的生活。這就是入世修行的真諦，無論外在的世界再怎麼變化，你依舊可以不受任何人事物的影響，活出自己與生俱來的模樣，活出內心真正的喜悅與快樂！

> 「讓內疚之情，成為覺察與修復的契機。」
> ── 洪培芸

〈照顧好自己，就不用再照顧別人！活出幸福人生〉

無論漸悟或頓悟，悟即是福。

遠離誘惑

俗話說：「酒是穿腸毒藥，色是刮骨鋼刀，財是下山猛虎，氣是惹禍根苗。」

透過「酒、色、財、氣」來得到快樂是很多人習以為常的方式，但只要你親身體驗過就會發現，那些都只能夠帶來短暫且表象的快感，更會讓你在不知不覺中上癮，成為被控制約束的奴隸。

回顧過往，我曾經不只一次親眼見證許多人的一輩子毀在這「人生四戒」上頭，其中包含因收賄被收押的政治人物、捲入性侵疑雲的演藝明星，以及引發社會爭議的大咖網紅。我除了深深引以為戒，也提醒自己千萬不能因為貪戀杯中物，白白葬送了好不容易才重新啟動的第二人生。

根據衛福部統計，全台灣 843 萬的飲酒人口中，有高達 100 萬人有暴飲情況，不當的飲酒行為導致全台每年約 4500 人死亡，更有超過 4 萬人因此罹患相關疾病。雖然自己的體檢報告還算正常，但該是時候改變飲食習慣，讓自己變得更加健康更有活力。

我開始以漸進的方式執行戒酒計畫，從一開始的少喝到後來的完全不喝，在本書出版之際即將達成戒酒一整年

的目標。於此同時，我也同步展開讓自己更健康的各種飲食控制和各項運動計畫。

"You are what you eat. 你吃進體內的食物構成了你的身體，並且帶來健康和快樂。"

戒除行為

　　你也有無法控制的「癮」嗎？快誠實把它記錄下來，讓我們一起重新面對生命的課題，找回讓自己快樂的方法。請寫下三個心中一直想要戒除的行為，分別訂定目標，然後從現在開始立刻執行！

下定決心戒除的行為

（目標一）

_____

（目標二）

_____

（目標三）

_____

三、精進

　　小時候在課本上讀過「學如逆水行舟，不進則退」，
當時年紀輕輕的我似懂非懂地記住了這句話，直到年過半
百才終於明白了其中真正的含義。原來學過並不等於學
會，在學習的過程中得要持續練習，才能融會貫通，與時
俱進。

> 　　"努力保持覺知與平等心以淨化內心，這是正精
> 進，可以趨向解脫。"

　　我把精進一門學問的方法拆分為四個執行步驟，其中
最重要的關鍵在於持續不斷練習，並且應用在日常的生活
中。

　　步驟一：知道（聽過）；我聽說過內觀，相當於「聞
慧」。

　　步驟二：學到（學過）；我參加過內觀課程，相當於
「思慧」。

　　步驟三：學習（練習）；我每天持續練習內觀，相當
於「修慧」。

　　步驟四：學會（應用）；我用一生的時間實踐內觀，

不斷「精進」獲得更高的智慧與開悟。

如果你用這個方法回頭檢視自己從小到大，曾經學過的任何一種知識或是技能，一定會深有同感。雖然我早就忘光了高中時背過的那些數學微積分計算公式，卻牢牢記得駕駛手排檔汽車的方法，因為從 18 歲考上駕照的那一天開始，我幾乎天天都上路持續練習，不停累積道路駕駛的經驗，不斷精進自己的操控技術。

現在的我，可是不折不扣、貨真價實的老司機呢！（笑）

只要把「精進」的美德應用在生命中，無論你今年幾歲、目標為何，只要透過持續不斷的學習，就能夠慢慢培養累積自己的專業能力，漸漸成為受到眾人信任與肯定的專家。

好書燈光師——Ryan

Ryan 自稱「好書燈光師」，在部落格撰寫分享讀書心得已經超過 17 年，臉書粉專「RBR-Ryan 讀書房」經營十年至今有超過六萬人追蹤，他最大的心願是希望用文字幫自己喜歡的書本打光，被更多愛書人看見。

他真摯動人的閱讀分享文除了深受作家的喜愛，也漸漸成為許多讀者的購書參考，很多人都以為 Ryan 是熱血的出版界人士，但其實他只是愛讀小說的科技業上班族。

工作忙碌的 Ryan 每天凌晨五點多就起床寫作，寫到七點才不甘願地停下來，先騎車送兒子去上學，到了公司再繼續寫到九點，就開始專心上班處理公事。他除了透過平日大量閱讀，更利用週末假日參加全台各地舉辦的新書分享會，就連出國旅行都會刻意造訪當地的特色書店。

Ryan 透過日常生活的每一天，教會了我們何謂「精進」的美德。而我也在他的身上，看見持續閱讀、寫作、分享所帶來的巨大價值！

> 「寫作的每一分鐘，都是我活在夢想之中的時間。」—— Ryan

〈每天再忙也要做兩件事，閱讀和寫作〉

記得持續投入，才會感覺人生更有意義。

半百重訓

　　年過 50 之後，我明顯意識到自己的體態和身體素質大不如前，整個人就像是一顆洩了氣的皮球般，除了外觀看起來鬆鬆垮垮，渾身也失去以往的精力和元氣。

　　雖然這些年來一直維持慢跑、甚至參加鐵人三項比賽的習慣，但除了成績表現越來越差，也慢慢失去持續參與的熱情。在陸續採訪過幾位健身教練之後，我發現到問題應該是出現在隨著年紀漸漸流失的肌肉上頭。

　　根據研究顯示，成年人在過了 30 歲後，肌肉平均每 10 年會流失 3 至 8%，40 歲之後每 10 年會提高流失到 8%，自己這些年不知不覺中除了少了十多趴的肌肉，還增加了好幾十趴的肥肉。一想到人家都在拚命增肌減脂，但我竟然是逆向增脂減肌，於是下定決心，要認真展開拯救健康的計畫。

　　在好朋友彬教練的鼓勵與指導下，我第一次走進健身房舉起了啞鈴，從最輕的重量開始從頭練起。每次練習時我都會閉上眼睛，感受身體承受的壓力，感覺肌肉承載的力量，如實地接受當下自己的狀態。

　　經過了一個月的練習，我臥推的重量從一開始的空槓 20 公斤，慢慢增加為 25 公斤、30 公斤，最後達到 40 公斤，

在一次次的練習過程中，我重新感受到久違已久的熱情以

及成就感！

〈沒「它」等於零存款！預防肌少症，開始這樣做〉

行動目標

替自己設定三個接下來每天都要執行的「行動目標」，每天睡前在紙上以畫「正」字的方式記錄下連續達成的天數，看看自己可以保持多久。

行　動　紀　錄

目標一：

正一

目標二：

目標三：

四、智慧

　　生命裡充滿各種智慧。對於資質愚昧的我來說，大部分都是透過書本學習讀來的，少部分是在工作中拚命生存學來的，還有一些是從長輩或是朋友口中胡亂聽來的。但隨著年紀越來越大，自己記性越來越差，我才發現在心中永遠忘不掉的，就只剩下那些經歷刻苦銘心後才學會的「真理」而已。

> **"真正的智慧波羅蜜，是我們在禪修中從親身體驗、發自於內的了悟。"**

　　平凡的道理人人都懂，但雋永的智慧卻只有明白真理的人才能獲得。就像是高中聯考的作文題目「知福、惜福、造福」一樣，想當年我洋洋灑灑寫滿了整頁稿紙，卻只拿了個差強人意的基本分數。現在回頭去看，才明白自己掰的全是些不痛不癢的內容，當時閱卷的老師一定改得啼笑皆非吧。

　　內觀的十日課程中，我們未曾閱讀任何一本書籍，也沒有聽從任何人的建議，就只是依照葛印卡老師的錄音引導，透過不斷靜坐的過程進行自我觀察，藉由體驗實相了

悟「無常」以及「無我」的事實，達到解脫身心痛苦的目的。

　　仔細想想，這段透過體驗獲取智慧的過程，不正是你我耳熟能詳的「體驗式教學」嗎？

　　常聽人開玩笑的說：要讓一個人學會游泳最快的方式，就是直接讓他跳進水裡，唯有親身體驗過嗆水的感覺，你才能勇敢征服對於水的恐懼。

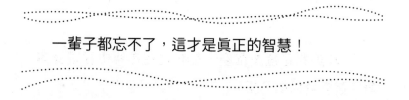

一輩子都忘不了，這才是真正的智慧！

閱讀傳教士──宋怡慧

新北市立丹鳳高中圖書館主任怡慧老師致力推廣閱讀長達十年的時間，三千多個日子來從未間斷閱讀與寫作的習慣，除了親手打造出美麗的校園圖書館，更幫助上萬名學生建立閱讀習慣，是台灣教育界最具影響力的「閱讀傳道士」。

她的十多本著作涵蓋多元面向，同時也是深受讀者喜愛，作品質量兼具的超人氣暢銷作家。從運動、飲食、人際溝通、閱讀，到思考慣性，怡慧老師在繁忙的教學工作和演講邀約之餘，完成了許多不可能的任務。很多人都十分好奇，教務繁忙的她究竟是怎麼辦到的？

透過幾次採訪與相處之後，我終於瞭解到怡慧老師擁有的智慧全都得來不易，全是靠著她透過平日大量閱讀、思考、整理，以及實踐而來，就如同《怡慧老師的原子習慣實踐之旅》書中〈自序〉的這段內容一樣：

「我將《原子習慣》的知識化為行動與實踐的歷程，透過文字真誠地與讀者分享，建立好習慣，就能輕鬆提供內外的安頓與支持。這本書從閱讀到實踐、實踐到成書，歷經三年多的時光。回顧這段『想法升

級、行動落實、生命對話』的歷程，自己不斷在『提示、渴望、回應、獎賞』的迴路，因習慣養成的四個步驟，覺察到過去行為的盲點，然後有意識地打造良好的習慣，進而改變。」── 宋怡慧

　　透過「聞慧」、「思慧」、「修慧」的過程，唯有不斷親身實踐，你才能夠得到真正的智慧，真正的開悟，真正的快樂。

〈改造拖延腦‧人生系統化──開始你的理想人生〉

閱讀是生命的氧氣，寫作是心靈的呼吸。

閱讀寫作

生平第一次感受到「知識焦慮」是即將邁入 30 歲那年，當時我在國內知名的大型電子集團上班，公司裡全都是優秀的高學歷與高科技人才，好不容易當上小主管的自己每天都活得戰戰兢兢、倍感同儕競爭的巨大壓力。

才疏學淺的我為了充實自己，除了訂閱週刊雜誌，每到假日還會到書店巡視，購買當時最新的企管相關書籍，然後整齊排放在家中的書櫃上，看起來就像是一座精緻的小型圖書館。

多年前來過家中的一位同事曾經讚嘆地說出：「哎呀，沒想到你讀了這麼多書！」

我心虛的不發一語，因為那些書幾乎都還沒讀過，嚴格來說，大部分的書從買來之後根本連翻都沒翻過。尤其是那本每週四固定寄來的週刊，我只有偶而心血來潮時才會拆一本翻看，很多連外包膠膜都還沒拆開過，就這樣不斷堆疊到了膝蓋的高度。

這些書籍雜誌跟著我搬過幾次家，陪伴自己走過十多年的時光，直到內頁都變黃長斑了，我還是沒能讀完，好不容易才決定透過斷捨離的方式，趁著離婚搬回老家時一次處理完畢。

　　常聽人說「書中自有黃金屋」，但這次的經驗讓我深刻覺察到，只買不讀的書除了不能替自己帶來智慧，更會白白浪費許多的金錢和時間，這些才是生命中真正無價的黃金。

　　幸運的是自從開始寫作之後，我才真正開始閱讀感興趣的讀物，所有的心得與感想除了以文章的形式，也時常透過讀書會、或是在 Podcast 節目中分享，有些還進一步彙整為課程與演講的素材，變成了自己腦中永遠都忘不掉的寶貴智慧呢！

　　學以致用，真正的智慧除了得靠閱讀學習啟動，更要透過實踐應用才能夠獲得。

分享智慧

　　設定一個學習分享計畫，每個月閱讀一本想讀的書／想看的電影／想參加的課程／想參與的活動，透過「131法」[3]記錄下自己的心得，並且透過喜歡的方式分享出去。

　　1：一句話介紹一本書（一部影片／一個課程／一場活動）

　　3：三個從中獲得的重點或是知識

　　1：一個可以實踐應用在生活或工作中的行動方案

---

3. 「131法」的概念參考自美國哲學家莫提默・艾德勒（Mortimer J. Adler）與美國作家查理・范多倫（Charles Van Doren）合著的《如何閱讀一本書》（*How to Read a Book*）。

分享智慧

一句話介紹我今天要分享的內容

三個從中獲得的知識點

一個可以實踐的行動方案

五、忍耐

在日常生活的每一天裡，我們時常會受到某些人做出的行為舉止所干擾，甚至心生不悅。但事實上，這個打擾你的人通常不知道自己在做什麼，他其實不是故意或是有意的，又或者他其實有著難言之隱。

> "要像只有一人在練習，不論遇到任何的不方便或干擾，只管往內觀察。"

當你能夠透過愛心與慈悲理解，並且接受這些不適的感受，就已經開始培養出忍的美德。

曾經聽過一個充滿善意的小故事：

有一對夫妻一起搭火車出遊，上了車後卻發現有位女士坐在他們預定好的座位上，先生示意太太先坐在她旁邊的位子，卻沒有請這位女士讓位。太太仔細一看，才發現她右腳有一點不方便，才了解老公為何不請她讓出位子。

這位先生就這樣一路站到目的地，一直等下了車之後，心疼老公的太太才問他：「讓位是善行沒錯，但你為什麼不在中途請她把位子還給你，換你坐一下呢？」

先生回答太太說：「沒關係，人家不方便了一輩子，我們就不方便這三小時而已。」

聽到老公這麼說，太太覺得相當感動，一想到能夠嫁給這麼一位心地善良的好老公，頓時間覺得世界都變得溫柔了許多。

透過一次又一次內觀時的靜坐練習，我不斷覺察從身體冒出的感受，以及由內心升起的變化，除了感受痛苦消失的過程，也體驗愉悅流逝的心情。

生活即是修行，每個忍耐都是一門功課。

仙女老師——余懷瑾

　　懷瑾老師被學生稱呼是「仙女」，她在 2014 年獲選全國 SUPER 教師的殊榮，「像奧斯卡金像獎得主演員，在課堂上分飾多角，對課堂節奏掌控精準無比，稱她『節奏女王』絕不誇張。」

　　仙女老師雖然在課堂上掌控一切，但在現實生活中卻只能當個徬徨無助的母親，因為她的一對雙胞胎女兒是早產兒，在成長過程中持續承受了許多不公平的對待。

　　不服輸的她在 2016 TED×Taipei，以「一堂由老師以身作則的生命教育」的演講感動無數人，終於讓社會大眾開始正視歧視與霸凌，願意用同理心對待特殊生。

　　身為兩個腦性麻痺孩子的母親，仙女老師一直勇敢為特殊兒爭取權利，到後來更為捍衛特教權益辭去高中教職，她做出了踏出校園走入企業的選擇，希望透過成人教育改變更多的成年人。

　　我曾經在不知不覺中，成為只關心自己的大人，在生活中只要遇到不順心或是不如意的事情，除了會立刻情緒爆炸，更會遷怒怪罪身邊所有的人事物。直到有天突然間失去了一切，從雲端跌落地面之後，才體悟到在這個世界上沒有什麼是理所當然的，每一個磨練都是上天送給你的

一堂功課，同時也是一份深深的祝福。

「困境時才能正視自己是怎樣的人！」
—— 余懷瑾

〈打造一場精彩的 TED 演講〉

慢慢來，我等你。

凱米颱風

2024年7月24日午夜12時，強烈颱風「凱米」自宜蘭縣南澳鄉登陸台灣，這是繼2016年強烈颱風「尼伯特」之後，八年來第一個以「強烈颱風」強度襲台的熱帶氣旋。凱米帶來驚人的雨量與災情，除了造成中南部地區的嚴重水患，也讓高雄市許多的住宅都泡在水裡。

隨著電視上不斷傳出的各地災情報導，看著眼前一幕幕驚心動魄的畫面，我不自覺全身開始顫抖了起來，如果此刻受創的是自己的家園，我還有能力重新站起來嗎？

一位知名網紅透過直播，在網路上即時分享自己家中淹水的狀況，突如其來的惡水瞬間抵達住家半層樓高，他名貴的跑車和心愛的幾部重機，全都無一倖免通通泡在水裡，所有的財產損失預估超過千萬。

幾個大型社區更慘，地下一樓、地下二樓、地下三樓全被淹沒，變成大型蓄水池。靠著幾部大型抽水機連續幾日的搶救，才終於把全部的積水抽盡，拖出一輛又一輛滿是污泥的受災車輛，其中包含不少部經典的收藏用車。

我突然間覺察到，每個人終其一生所追求的五子登科（房子、金子、車子、妻子、孩子）並不能替自己帶來永恆的快樂。因為命運是如此的無常，生命是如此的脆弱，

我們唯一能夠把握的，就只有珍惜當下的一切。

　　近年來全球天災不斷，除了各地頻繁出現的異常氣候，更有蠢蠢欲動的火山地震環伺，在大自然的力量下人類更顯得渺小，更需要透過忍耐的美德互相扶持，共同面對未來的挑戰與難關。

　　忍，不是懦弱的表現；忍，才是智者的象徵。

逃難背包

一場毀天滅地的大地震來了！房子開始傾斜倒塌，你只有「三分鐘」的時間收拾好包包，逃離危險的屋內。請寫下你會優先裝入背包帶走的物品。（最多不超過十樣）

逃 難 背 包 清 單

1.

2.

3.

4.

5.

6.

7.

8.

9.

10.

六、實相

如果你問我對於生命最大的體悟是什麼，此刻的我應該會用這句話來回答：「見山是山，見山不是山，見山還是山。」

好不容易走過了三十而立，四十而不惑，終於邁入了五十知天命的年紀，回首過往的人生，真的會對這句充滿智慧的禪語格外有感觸。山始終是同一座山，我一直是原本的自己，但會隨著不同的生命階段，有著截然不同的看望以及想法。

常聽人說「相由心生」，你心中想著什麼，就容易看見什麼。但那些自己眼裡所見，腦中所想，心中所思，究竟是真是假？就算用一輩子的時間去探究，也很難得出一個確切的真相。

究竟什麼才是真相呢？我想起了這個人人耳熟能詳的故事：

某天城裡忽然來了一頭大象，人人都想去看看這頭大象到底有多大，有幾個瞎子也想湊熱鬧去瞧瞧大象究竟長的是什麼模樣，就約好一起抵達大象休息的地方。

他們走近大象，伸出雙手撫摸牠的身體，一個摸到象

的耳朵，一個摸到象的肚子，一個摸到象的腳，一個摸到象的尾巴，一個摸到象的鼻子。不久後，五位瞎子開始討論起大象的樣子。

摸到耳朵的那個瞎子說：「象的模樣是一個畚箕。」

摸到大象肚子的瞎子，聽了這句話急忙說道：「不！象明明就像一面大大的牆壁。」

「你們兩個都不對。」摸到象尾巴的瞎子說道：「象明明就是一條粗粗的大繩子。」

摸到象腿的瞎子十分不以為然的說：「你們都亂說，象哪裡像畚箕、牆壁、繩子，象其實是一根又高又圓的大柱子！」

最後，摸到象鼻子的瞎子笑著說：「你們完全錯了！象根本就像個超大的鉤子一樣。」

五個瞎子各執己見，互不相讓。佛陀知道了這件事，就對弟子們開示道：「他們五個人都沒有看到象的真正樣子，眾生的愚癡就像瞎子摸象一般，偏執一方，墮於邊見。而唯有透過智慧，才能洞悉世事的本來面目！」

　　"在正法之道上的每一步，都必須不離實相，從粗淺的表面實相，到細微的內在實相，以及最終的真理實相。這其中沒有虛幻想像的空間，我們必須時刻覺知當下所實際體驗到的實相。"

　　在妄下評論之前，不妨自在放下心中的定見，全然如實地覺知眼前的一切。

人生覺察行者──羅志仲

40 歲前的志仲老師經歷過一段長期失業、父子失和、身心失調的人生，直到接觸了薩提爾模式（Satir model）[4] 與托勒（Eckhart Tolle）[5]，開始學習認識、接納自己之後，人生才煥然改觀。現在的他是知名的人際溝通講師、身心靈工作者。經常應邀至海內外演講、帶領工作坊，累計逾千場，主題包含靜心、自由書寫、安頓內在、人際溝通等等。

他曾長期在山中靜心，體驗到大自然的定靜力量，透過自由書寫展開與自己的對話，重新認識自己、愛自己、跟自己和解的過程，順利重啟自己的人生。

在志仲老師溫暖的引導陪伴之下，我不斷透過他於粉專中的隨筆分享，一次次練習著好好如實活在當下，例如像是這篇讓我印象深刻的短文：

---

4. 薩提爾模式，家庭治療先驅維琴尼亞・薩提爾（Virginia Satir）開發出的一種心理治療方法。她相信，不論外在條件如何，在這個世界上，沒有人是無法做出改變的。她也相信，人類可以實現其所想要實現的，可以更正向、更有效率地運用自己。
5. 艾克哈特・托勒，當代歐美最偉大的心靈導師之一，2008年被《紐約時報》稱作「美國最受歡迎的心靈作家」，2011年被英國沃特金斯書店評論列為「世界上最有影響力的心靈導師」第一位。他認為，人可以在當下擺脫痛苦，進入自在平安的境界。

　　「有個朋友曾胃痛多年，看過許多醫生，做過各種檢查，都檢查不出原因，但她仍然不斷看醫生，不斷做檢查，因為她堅信自己一定得了胃癌，她想找到可以證明自己想法的醫生。

　　旁人看了，不免覺得荒謬、可笑，但其實幾乎每個人都是這樣生活的，只是每個人堅信的想法不同而已。

　　有的人堅信「人生很苦」、「人生很難」，先下了這個結論，再到生活中收集證據，甚至創造證據，以證明人生真的很苦、很難。

　　有的人堅信「沒有人會愛我」，每當有人愛他，他都不相信，他的回應方式，讓對方最終離開了他，這使他更加堅信「果然沒有人會愛我」。

　　失眠的人則堅信：如果不趕快睡著，待會兒就會睡不著。這樣的堅信，讓他在睡覺時感到緊張，越緊張越睡不著，最後果然證明了他的堅信是對的，是真的。

　　對於腦中出現的想法深信不疑，是我們受苦的根源。我是在九年前閱讀托勒時，才意識到這點的，那對我而言是個石破天驚的發現，也開啟了我日後的學習，包括每天在靜心中觀念頭。

　　有些念頭你一看見它，它就脫落了，不再影響你。但有些念頭很黏，它們是我們深信不疑的信念，早已與我們

的血肉融為一體，別說要讓它們脫落了，就連要看見它們都不容易。除了靜心，我後來也加入自由書寫與冰山來觀念頭，三種工具結合使用，效果甚好。」──羅志仲

　　每個人心中的念頭都只是個想法，並不能代表真正的實相，只要能夠放下我執，你就可以重新獲得真正的自由，真正的快樂，與完全的解脫。

《重啟人生的 17 個練習》

我願意擁抱它們，我也願意原諒、接納自己。

安頓情緒

「隔代教養」是每個家庭難解的議題，自從結束婚姻搬回老家居住之後，我與母親就時常因為兒子的生活與教育問題各持己見，除了爭執不休更是吵到不可開交。相處在同個屋簷下的一家人關係慢慢變得疏離，也越來越不開心。

我時常會無助地想著，明明是深愛支持彼此的一家人，為什麼總會惡言相向，不停說出深深傷害彼此、充滿情緒與暴力的話語？

母親也經常打電話向阿姨傾訴。自己明明都已經做到這個程度了，除了掏心掏肺更是竭盡所能，鎮日服侍這一家老小三個男人，竟然還得不到任何的感謝與肯定，一想到就覺得心疼，這輩子真的白活了……

舊屋子隔音差，我時常一人關在房裡，一邊埋頭寫作，一邊聽著從客廳傳來的埋怨聲。媽媽總是講得義正辭嚴，絲毫不在意我們聽到的感受。年邁的爸爸已經失智不聞，中年的我尚可忍耐承受，但年幼的兒子會如何看待這些充滿情緒的言行呢？

躲回老家的我雖然衣食無虞，卻變得越來越不開心，也對無法改變眼前的一切深感無力。

　　因緣際會下，我參加了志仲老師舉辦的「原生家庭工作坊」，第一次嘗試用薩提爾的溝通模式與自己對話，也透過自由書寫的方式寫了一封從未寄出的信給媽媽。

　　親愛的媽媽，

　　我很愛妳，但我也很討厭妳。
　　就像我很愛自己，但我也超討厭自己一樣。
　　但今天我決定，要接受這個最討厭的妳和我，因為妳就是我，我就是妳。
　　我永遠愛妳，我也會好好愛自己！

　　兒子

　　書寫的過程中，我放下了所有情緒，除了感覺到平靜，更感恩所有發生在自己身上的一切。每一個片刻、每一位身邊的人、每一件事情，都是此生最大的豐盛。

　　我就是你，你就是我。無論是快樂、痛苦、心酸、難過、喜悅，都只是情緒反應而已，只要保持著「平等心」覺知實相，就可以維持內在的平靜，如實地接納所有發生的一切。

自由書寫

・步驟一

　　寫封信給一位總是引發自己情緒的對象，他有可能是你最討厭的壞人，最在意的親人，或是此生最愛的伴侶。勇敢並且大膽地，寫下所有你想對他說出口的話。

・步驟二

　　想像他此刻就在站在你的面前，對著他用力大聲念出來。

・步驟三

　　代替對方寫封回信給自己，接著讀給自己聽。

　　完成後閉上眼，覺察此刻的感受。

自由書寫

親愛的

_____

_____

_____

_____

_____

_____

_____

_____

七、堅決

　　成功者的最大特質在於擁有自律的決心以及執行力。我一直很欽佩那些能夠持之以恆，願意長時間投入某件事物的人，像是日本的小說家村上春樹，或是台灣的詩人導演盧建彰，他們每天都一定得要跑步和創作，持續做著自己熱愛的事情。

　　我也想變得跟他們一樣，擁有堅定動人的靈魂！

> 　"參加內觀課程時，必須下定決心要完成整個課程，還要決心遵守五戒（不殺生、不偷盜、不邪淫、不妄語、不服用菸酒毒品）、禁語，以及課程所有的規定。"

　　開始內觀修行方法之後，每位學員在每次集體靜坐的整整一個小時內，都要認真練習不離開大堂、不張開眼睛、不移動身體的任何一個部位，你不能任意變換姿勢，更不能搔癢抓背，這個過程稱為「堅決靜坐」。

　　出乎意料的，助理老師並不像我們在電視或是電影中看到的那樣，手裡拿著藤條四處巡視，隨時準備出手教訓那些躁動不安的學員，他只是靜靜地帶領著大家堅定坐

著。整個靜坐過程中也不會有人阻止你離開共修大堂，唯一能夠規範自己的態度和行為的，就只有你本人而已。

隨著一次又一次的靜坐練習，身體維持不動的時間越來越久，打從閉上眼睛的那個瞬間，我就開始進入當下的狀態，雖然最終還是未能突破一小時，但整個過程卻深深影響了自己的意志力，讓我能夠堅決地完成訂定的目標，實現一個又一個心中的夢想。

只要你能堅持別人不能堅持的，就能夠擁有別人不能擁有的。

最難的一堂課──陳怡嘉

　　最有正能量的國文女王嘉嘉老師是一位堅持初衷，勇敢發光的高職教師。

　　因為年少時獨特的求學經歷，她立志站在需要的學生面前，協助他們改變學習與人生困境，除了鼓勵家長了解孩子的真實面，用更好的教養拉近孩子的心，更陪伴辛苦的老師負荊前行，在教學的路上不再覺得孤單無助。

　　她曾抓到學生期中考作弊，學生不僅不認錯，還反咬一口：「是老師誣賴我！」也曾在休業式的下午，被全心信賴的班長當面嗆聲：「你是一個很爛的老師！教書非常爛，帶班也非常爛，而且全班都這麼認為！」

　　這些令人灰心的事件，讓她不只一次失去對於教學與帶班的信心。然而，這些陰影的另一端，也都有溫暖的陽光。

　　原本習慣用酸言酸語回應老師的班級，在開誠布公的溝通後，願意放下尖銳的態度，試著好好說話。原本有著上學恐懼的復學生，努力堅持與她的約定，順利跟著同儕一起畢業。原本動輒打架翹課、許多老師眼中的問題學生，最終找到學業動力，願意留校念書，改變了自己的人生軌跡。

嘉嘉老師相信，這些挫折都是一次機會，讓身為老師的自己可以誠實且真摯地反省，面對問題。 她立誓此生遵循地藏王菩薩「地獄不空，誓不成佛」的大願，幫助更多人不要誤入錯誤的思考和命運中，並持續修煉自己的智慧、勇氣、格局、談吐，還有對一切無所罣礙的心胸。

不管教學再忙再累，她始終保持著美麗堅定的微笑，像極了一尊溫暖慈悲的菩薩。

「不要放棄理念和價值，更不要因為一個人全盤否定自己！」── 陳怡嘉

〈回首來時路，不認輸的性格，用讀書翻轉自己的未來！〉

我們堅定而努力的每一步，終將成為地上的銀河。

錄製節目

　　人生中雖然有很多事情都是糊裡糊塗開始的，但只要能夠一直堅持做下去，往往都能夠獲得豐碩的成果。大家耳熟能詳的「原子習慣」或是「複利效應」都是在闡述這個道理。

　　曾經聽過一個超級有效的「365 存錢法」，方式相當簡單，只要從第 1 天的 1 元開始存起，每天都多存 1 塊錢，第 2 天存 2 元，第 3 天存 3 元……持續進行到第 365 天存完 365 元為止，就可以順利累積到 6 萬 6795 元，平均每個月存下了 5566 元的金額，實在是太神奇了！

　　雖然自己沒太多「儲蓄複利」的經驗，不過倒是可以好好來跟大家分享一下，這兩年多來堅持錄製 Podcast 節目所創造出的「影響力複利」。想當初只憑藉著初生之犢不怕虎的一股傻勁，就一頭就栽進這個嶄新的聲音產業，雖然一路走來跌跌撞撞，卻替自己累積出始料未及的豐碩收穫。

　　第一個節目「粉紅地獄辛辣麵」：2021 年 10 月 18 日首播，至今共製播 238 集，採訪 157 位不同來賓。

　　第二個節目「分手的 99 個理由」：2023 年 7 月 20 日首播，至今共製播 117 集，採訪 43 位不同來賓。

第三個節目「授ㄅㄟˋ私捏」：2024 年 2 月 15 日首播，至今共製播 48 集，採訪 26 位不同來賓。

1048 個日子（統計至 2024 年 8 月 31 日）以來，扣除重複邀請的對象，三個節目合計製播 403 集，共採訪 207 位不同的來賓。平均每 2.6 天就能錄製一集新節目，每 5 天就可以透過採訪認識一位新朋友。再加上其他節目的採訪，所有的作品都分類放置在 Youtube 頻道，留下豐碩的美好回憶。

每一位上節目的來賓都是上天安排給我的老師，他們透過一集又一集節目的分享，教會了我一堂又一堂珍貴的學習體悟。錄製 Podcast 節目讓我有機會能夠擴展自己的視野以及人脈圈，結識各行各業的大神以及前輩，成功踏出令人刮目相看的第一步。

只有累積，沒有奇蹟；先有堅決，才有豐盛。

〈Vito 大叔的 Youtube 頻道〉

圓夢小豬

　　準備一個小豬撲滿，每天回到家第一件事，就把身上全部有的銅板丟進去，等到存滿了，就拿來當作自己的第一筆圓夢基金，實現此刻心中最想完成的夢想。

八、慈愛

生性天真又浪漫的我總是習慣把「愛」掛在嘴邊，整天愛來愛去的，直到突然間失去了婚姻之後，才發現自己根本就不懂愛的真諦。身為獨子的我這輩子從未真心愛過別人，就只懂得愛護自己，因為身邊所有的一切都是我的，所以腦袋想的也全都只有「我」而已。

我就這樣慢慢變成了只會愛自己的自私鬼，直到正式成為單親爸爸的那一天起，才重頭開始學習無條件的愛人，也重新選擇用不同的態度愛自己。

"當我們不再為了特定的目的，勉強自己對別人升起愛心與善意，而是打從內心深處希望眾生快樂而採取作為時，這才是真正的愛。純潔無私的愛不僅可以幫助別人，同時也能夠拯救自己。"

我帶著還在讀小學的兒子回到老家，重新與年邁的父母同住在一個屋簷下。還記得當自己拎著行李箱踏進家門的那一刻，媽媽看見我的第一眼反應竟是跪在地上嚎啕大哭，近乎崩潰地說出：「20 年的努力，就這樣沒了！」這句話。

　　70 多歲的媽媽領我們進了門，從此之後一肩扛起照料家中三代男人的責任，她沒有半句怨言，只有從早到晚的愛與關懷。這一年多來，雖然我跟媽媽時常因為孩子的教養問題發生爭執，兩個人總是吵得面紅耳赤。她卻從未因為我的頂撞減少對我們的慈愛。

　　受到媽媽的影響，我開始用相同的心，對待自己與孩子，以及身邊每一位遇見的人。透過四處演講授課、錄製 Podcast 節目的過程，慢慢的我變得更有愛心，更加柔軟，也越來越快樂自在。

　　願各地受苦的人們，都能找到出離痛苦之路！

最強接體員──大師兄

談到慈愛，我腦中第一個浮現的人就是在 PTT 靠著「接體員的大小事」系列文章爆紅出書的大師兄，他除了是很多人心目中最喜歡的作家，也是全天下最可愛善良的肥宅。

大師兄在讀大學時為了照顧中風的老爸決定休學，他做過超商店員、賣場收銀、開過運鈔車、賣過雞排、當過看護，然後一腳踏入殯葬業。意外出書成為名人之後，決定回到學校上課，更開始到處演講，成為「生命教育」的專家。

我們雖然因為截然不同的原生家庭，有著迥異的成長際遇，卻不約而同的踏上了一條透過「分享」影響他人生命的道路。這其中一個重要的關鍵，就是我們從小到大都深受外婆和母親的影響，在她們身上得到滿滿純潔無私的愛。

心地善良的大師兄因為心疼流浪狗的遭遇，決定經營中途之家幫忙照顧等待領養的毛小孩，直到牠們找到新主人的那天為止。在他的臉書粉絲專頁，你看不到嚇死人的鬼故事，只瞧見充滿愛的狗故事。

「我衷心希望從我家裡出來的狗狗，都可以找到好的

歸宿。衷心希望！」

　　大師兄在隨身的背包，掛上自己最愛寵物「胖吉」的布偶。雖然當年是他主動領養了牠，沒想到後來卻是牠拯救了他，牠會永遠陪伴著他，繼續用慈愛影響這個世界。

　　「趁著愛我的人、我愛的人還在的時候，及時行愛。」──大師兄

〈活著才是最辛苦的人，但我們都還有選擇〉

真正的快樂，是心裡的舒服。

不離不棄

　　1954 年（民國 43 年）1 月 23 日，父親隨著韓戰反共戰俘獲釋，是當時第一批隻身來台的反共義士。當年才 20 出頭的他經歷多年的漂泊才遇見了母親，兩人共結連理後生下我，不知不覺已經高齡超過 90 歲了。

　　這些年來父親身體日益衰老，因病頻繁進出醫院已成常態。無論是平日的回診，夜半送醫的急診，或是住院觀察的陪診，70 多歲的母親總是事必躬親，鎮日往返於住家與病房之間，無微不至地照顧著我們一家三代男人，像極了一根兩頭燒的蠟燭，看了讓人十分心疼。

　　與父親同時期來台的老兵陸續凋零，在台北榮民總醫院，越來越少見到伯伯們佝僂的身影，年邁的他們多半未婚無子，獨自一人在病房中度過人生的最後時光。每回看見他們，我都會不自覺感嘆起親情的可貴，能夠擁有不離不棄陪伴自己的家人，真的是人生最大的福氣。

　　在我訪問過的這麼多來賓當中，資深媒體人楊月娥（阿娥姊）照顧家人的故事最讓我印象深刻。在電視螢幕上總是樂觀迎人的她，現實生活中卻經歷了長達十年的長照接力賽：公公中風、媽媽氣切、小女兒血癌、妹妹中風、大女兒腦炎……阿娥姊在自己的《不逃跑的陪伴》書中分

享，成為照顧者其實並非她自願，當大家都稱讚她很孝順時，她想說的卻是：「我並不是孝女，我只是沒有逃而已。」

她帶著走過抗癌過程的女兒小蓁一起接受我和學姊 Carol 合作的節目「授ㄉㄟˋ私捏」專訪，也邀請我們一起到母女倆搭擋主持的「楊肉盧」Podcast 作客，彼此聊天互動的過程中充滿歡笑與淚水，在不放棄彼此的她們身上，我看見了世代差異的火花，有甜、有鹹、有酸、又苦辣，這才是「家」的真實樣貌。

> "愛是恆久忍耐，又有恩慈，愛是不嫉妒，
> 愛是不自誇，不張狂，不作害羞的事；
> 不求自己的益處，不輕易發怒，
> 不計算人家的惡，不喜歡不義，只喜歡真理；
> 凡事包容，凡事相信，凡事盼望，
> 凡事忍耐，凡事要忍耐，愛是永不止息。"

謝謝妳，讓我擁有一個充滿愛的家。

〈我不是孝順，只是沒有逃，長達 10 年的長照人生〉

愛的熱線

　　打通電話給此刻自己心中最掛念的人，親口說出對他
的感謝，親自傳遞出對他的思念。

九、平等心

不知道你是怎麼看待「喜、怒、哀、樂」這些情緒的？對我來說每種感受都像是自動化反應一樣，例如一想到酸梅就會流口水，一看見美女就會心跳加快，都是十分自然的結果。但如果你曾經因為無法控制情緒導致了遺憾的結果，或者是經歷過一些改變生命的關鍵時刻之後，你就會清楚的明白，讓心平靜下來是很重要的一門功課。

"我們都要學會保持心的平衡，不僅是在體驗到痛苦不快的感受，或是在面對開心愉悅的感受時。無論在任何情況下都要了解，此時此刻自己所體驗的感受是無常的，必定都會消失滅去。以這樣的了知，我們時刻保持著超然的平常心觀照著自己以及整個世界。"

在寫書的此刻，恰巧適逢四年一度的巴黎奧運盛事，代表台灣出賽的羽球選手李洋、王齊麟在男子雙打金牌戰中締造歷史，經過三局激戰後成功奪冠，替台灣拿下了本屆奧運台灣的第一面金牌，也讓麟洋配成為奧運史上第一個達成羽球男雙「二連霸」的黃金組合。

這場比賽打得扣人心弦，當進行到第三局的最後階段時，觀戰的人們全都屏息以待，無論是每一次的發球，或是每一次的進攻，都可以感受到場上選手以及場邊觀眾滿溢的情緒。就連站在電視機前的我，也能夠聽見自己心臟發出噗通噗通的跳動聲。尤其是比賽最後的那兩顆勝負關鍵球，真的讓人緊張到無法直視。

當選手實力都站上了世界巔峰，雙方球技真的難分軒輊時，最後比的就是心理素質了。誰能夠不受眼前的賽況表現影響，誰可以發揮出平日鍛鍊的實力，情緒較穩定的一方就容易在競賽中勝出。這，就是「平等心」的威力！

另一位深受大家喜愛的網球一姐戴資穎，在奧運生涯的最後一役，雖然因為膝蓋傷勢不敵泰國好手依瑟儂而無緣晉級，卻留下了奮戰到最後一刻的動人身影。因性別爭議備受國際矚目的「台灣拳后」林郁婷則是不受國際拳總及網路言論的影響，以勇奪金牌證明了自己非凡的實力。

當你學會以平等的眼光看待眼前所有的人、事、物，不斷練習放下內心的貪愛和嗔恨時，就再也沒有任何事件能夠影響自己的心情，在全力以赴之後不留遺憾，感受到真正的平靜、快樂，以及安詳。

真正的英雄，會全力奮戰到最後一刻，並坦然接受所有結果。

〈「麟洋配」金牌戰精華〉

用愛啟迪生命——胡咪老師

　　身為台灣首席國際熱情測試、人生自信力雙認證協導師的胡咪老師，除了是全台跑透透的人氣補教國文老師，也是陪著我一起製作主持 Podcast 節目「分手的 99 個理由」的合作夥伴。她擁有近 20 年的講師經歷，持續關注於內在成長議題，立志要協助世界各地學員校準人生前五大熱情，回歸愛的本質，達到生命蛻變，活出愛與自信。

　　立誓此生要「用愛啟迪他人生命」的她，曾經經歷過一團混亂的人生，無論是人際、愛情、家庭、財務、工作，都上演了既荒誕又痛徹心扉的劇情，彷彿陷入萬劫不復的僵局。直到陷落谷底失去一切之後，才開始透過「愛」與「覺察」專注於自己生命中的熱情，獲得了內在的平安與寧靜。

　　無論發生了什麼事，我總是能夠在她身上感受到一股強大的安定力量，除了不慌不忙，更是不疾不徐。因為她的啟蒙，自己終於能夠心平氣和地看待生命的過往。「一切皆是為我而來，而非衝我而來」。帶著這份覺知，我們決定一起透過平等心迎接每個當下，攜手打造彼此夢想中的未來。

「『隨業不隨能』。如果你在此刻面臨到一些磨難，我想要告訴你，不是因為你特別失敗、也不是你能力不夠，而是因為你遭遇的這些事情正是你所需要。它能夠提升你的心智，使你變得更加不同，那是一個包裝後的生命禮物。」—— 胡咪

〈喚醒原動力的熱情測試〉

清晰就是力量，你是你人生的拓展者。

電視風暴

上天的安排甚是巧妙，我曾經在 2022 的年度十大目標中寫下：「上電視節目擔任來賓，讓更多人看見自己。」這個夢想在歷經兩年的醞釀之後終於實現，除了替自己帶來意想不到的收穫，更讓我生平第一次對於成為「公眾人物」有了超級深刻的感觸。

這個節目就是是老字號的談話性節目《新聞挖挖哇》，錄影前經過多次的溝通之後，我跟製作單位敲定以「婚姻」作為該集分享的主題，也邀請到自己的 Podcast 節目主持搭檔胡咪老師陪同錄製。當天的來賓除了我們之外，還有知名的兩性專家黃越綏老師，以及其他兩位大家耳熟能詳的電視名嘴。

該集節目播出後，在 Youtube 上創造了超過 25 萬觀看次數，也收到上百則不同的留言指教，其中包含有鼓勵打氣的，也有一些是嘲諷譏笑的，更有部分是批評建議的。好不容易圓了電視夢的我一點都不覺得開心，反而有點後悔牽連到胡咪老師，讓她得陪著我一起面對少數惡意的攻擊性留言。

萬萬沒想到的是，這集電視節目真的讓更多人看見自己，我們又陸續接到幾個不同類型節目的通告邀請，之後

也沒有再發生類似的事件，殘酷無情的風暴過去了，只留下一片澄靜的藍天。

此生的一切，都是爲我而來。

〈新聞挖挖哇：他中年失業又失婚！拚盡全力仍無法挽回前妻的心〉

轉念作業

寫下今天引發情緒，自己無法接受的一件事情，透過
以下四個自我提問的步驟，進行一次「The Work 轉念作
業」[6]：

這是真的嗎？

我能百分之百肯定這是真的嗎？

當我抱持這個想法時，有何反應？

如果沒有這個想法，我又會如何？

你會發現真正困擾我們的，並非發生在我們身上的事
情，而是我們對那件事的想法。

---

6. 參考自美國作家拜倫·凱蒂（Byron Katie）的著作《一念之轉：四句話改
   變你的人生》中的「轉念作業」(The Work)。

轉念作業

這是真的嗎？

我能百分之百肯定，這是真的嗎？

當我抱持這個想法時，有何反應？

如果沒有這個想法，我又會如何？

十、布 施

說來慚愧，從小到大我從沒主動做過所謂的「善事」，就算有也只是臨時起義而已，像是偶爾買下在十字路口等紅燈時看見的喜憨兒餅乾，或是跟風響應參加網路上朋友分享的慈善活動。

這些年來，我一直在鑽研各種實現夢想的方法。我發現除了積極改變心態和做法之外，還有另一種快速簡單又有效的好方法，就是透過「布施」改變你的業力，替自己重新種下一棵對的好種子。

> "每個人都有責任以正當的方式謀生，以養活自己以及親愛的家人。但我們若對擁有的金錢財富產生執著，就會膨脹自我，形成我執。因此，我們必須把一部分賺來的錢用以利益眾生、回饋社會，如此一來除了能夠幫助他人，也可以讓自己脫離被無止盡的慾望所控制的痛苦。"

布施的方式一共分為「財布施」、「法布施」，以及「無畏布施（簡稱無畏施）」三種不同的形式，除了捐錢的方式之外，也可以選擇其他的做法。

　　「財布施」是金錢或物質的援助，「法布施」是指無私智慧的傳承與啟發，「無畏施」是精神上的支持，三種布施若是並行，就可做到真正的福慧雙修（智慧＋福德），為這個世界帶來最大的功德。

　　當我發現了這個祕密之後，就開始積極實踐日常生活中的布施。我除了將自己「大叔診聊室」的諮詢收入提撥25% 作為公益捐贈，也提供免費的公益診聊給需要無償幫助的朋友。雖然預約登記的人數不多，但每一次我都全心全意的投入，因為只要影響一個人，就可以拯救一個家庭，進而改變這個社會共同的未來。

　　只要你願意，每個人都可以輕易做到這三種布施。事實上，我們每一天都正在施行這三種布施。你可以依照自己的能力和意願，選擇最擅長的方式幫助他人，讓這個世界變得更美好，也讓自己變得更快樂。

　　手心向上，接收幸福；手心向下，分享快樂。

內在成就──愛瑞克

人稱「愛大」的暢銷作家愛瑞克（Eric Yu）是金融商管知識交流平台「TMBA」共同創辦人。長期受邀至各大機構主講國際市場展望、職涯發展趨勢等主題，擁有逾千場講座的豐富經驗。每年固定回台大為 MBA 學弟妹講授多種課程，長達 20 年未曾間斷，作育英才無數。

愛大自從 2018 年裸辭金融業工作後，深刻體悟內在成就的重要，專注發展自己熱愛的寫作與演講，多年來投身幫助弱勢兒童、推廣閱讀等公益活動，無償幫助許多人走出人生谷底，其中也包含了當時正處生命低潮的我。

他於 2021 年榮獲金石堂「星勢力作家」、2022 年擔任多家企業的愛書大使。近年以「啟動內在原力，活出人生百倍效益」主題演講，受到企業界及教育界熱愛，持續透過閱讀推廣，以及分享自身在人生轉折點找到「內在成就」、將自己活成一道光的心路歷程，幫助人們翻轉生命、活出真我。

《內在原力》、《原力效應》，以及《內在成就》三本著作推出後感動無數的讀者，成為幾乎人手一本的經典書籍，而他所舉辦的每一場新書分享會更是深深震撼了創作圈，改變了以往各自拚搏的業界生態，讓有志之士能夠

群策群力，共同為了心中的目標與理想而努力。

　　胸懷大志的愛大本人雖然不高，不過站在舞台上的他卻像個巨人一樣，渾身充滿魅力，散發出無比耀眼的光芒！

> 「放下外在成就的包袱，找到真正自信與快樂的泉源。」── 愛瑞克

〈成為你真正想成為的人，找到自信與快樂的泉源！〉

你的幸福快樂與否，唯有你自己可以定義。

公益講座

2024 年 6 月 15 日，愛大在集思交通部會議中心舉辦了一場【內在成就：成為你真正想成為的人】公益講座，邀請到郝旭烈（郝哥）、江季芸博士、陳怡嘉老師、魏錫原會計師、謝文憲（憲哥）、還有我一起擔任與談貴賓，當天一共有超過 200 人來到現場，共同付費支持這場別具意義的活動。

在主持人鄭凱云主播的介紹下，我們依序上台分享屬於自己的內在成就，當站上舞台的那一刻，望著眼前滿滿的參加者時，我的心中除了瞬間充滿感動，還臨時起意帶領大家玩了一場堪比演唱會的波浪舞。我想傳達給現場每一個人的其實是：「愛是流動的，能量也是，你所付出的終將回到自己的身上，成為永垂不朽的正向循環。」

活動圓滿結束後，主辦單位將結餘的款項全數捐贈給親愛愛樂樂團，支持這群南投偏鄉部落的孩子可以有更多的經費完成學業，實現他們心中的夢想。

施比受有福，雖然這場活動沒有任何酬勞，但每位參與者心中都獲得滿滿的內在成就、喜悅、快樂，以及感動。我也順利實現了另一個期待已久的夢想：獲邀擔任「大型活動」的分享者（百人以上規模）。

在成就他人的同時，也必將成就自己！

〈內在成就公益講座波浪舞〉

感恩告白

　　請閉上眼睛，回想一位曾經幫助過自己，深深影響自己生命的貴人。

　　事情是什麼時候發生的？他為自己帶來了什麼改變？

　　試著寫下對他的感謝。

感 恩 告 白

我 要 謝 謝 的 人 是

_____

我 想 對 他 說 的 是

_____

_____

_____

_____

_____

_____

_____

後記：內觀結束後的一年

　　自古至今，離苦得樂是許多人費盡一生追尋的目標。但什麼才稱得上是痛苦？什麼又是真正的快樂呢？

　　其實無論苦或樂，全是一念之轉。只要能夠用平等心接受一切，你就能夠快樂的活在當下。

　　很多人都認為我是全天下最悲慘的男人，中年之後失業又失婚，從五子登科變得一無所有。卻也有人認為我是全世界最幸運的大叔，除了從人生的低谷中爬起，還逆轉人生成為作家、好幾個節目的主持人、四處分享授課的老師。

　　你覺得我該覺得開心？還是感到難過呢？

　　生命中的一切都是中立的，沒有痛苦，也沒有快樂，唯一存在的就只有實相而已。

　　我很喜歡《當和尚遇到鑽石》作者麥可・羅區格西（Geshe Michael Roach）老師一個關於筆的故事：

　　有一枝筆，人走進來了，看到它是一枝筆。

　　狗進來了，看到它是磨牙玩具。

人離開了、狗離開了，它什麼也不是。

人回來了、狗回來了，它同時是筆，也是磨牙玩具。

因為空性，可以什麼都不是，也可以有無限的可能性。

因為有無限可能性，你就能創造你的世界。

那枝筆，就是我們的人生。你如何看待它，它就如何回應你；你如何度過每一天，生命就如實顯化一切。這除了是生活的智慧，也是快樂的祕密。

> 「諸行無常，是生滅法，生滅滅已，寂滅為樂。」──《大般涅槃經》

內觀課程結束至今一年多的時間裡，我在日常生活中持續練習著十個波羅蜜，除了慢慢走出婚變的陰霾，身心也變得越來越健康，事業更重新回到軌道，還幸運展開了一段親密關係。

我成功戒了酒，決心不再渾渾噩噩的過日子，要時時刻刻活在當下，快快樂樂過完這一生。

這一切，都是最好的安排。

不夠完美的我們

本書完稿前一日，因緣際會下參加了一場電視劇《不夠善良的我們》編劇執導徐譽庭導演的【創作心路歷程分享會】。那是我第一次見到徐導本人，神采奕奕的她花了將近兩個鐘頭的時間，逐一回答現場超過百位參加者所提出的各種提問，包含了創作的、人生的，以及內在的。

我一直很好奇，這位知名編劇究竟是如何創作出這麼多膾炙人口的戲劇作品？

她的答案簡單，卻直達心扉。

「多觀察生活，多關心人，多寫，多回望。」

還有好多段現場的回答，也讓我感到動容。像是：

「自己做自己最好的朋友，先找到自己。」

「不知道從什麼時候開始，『快樂』變成了我們唯一需要的情緒。我們的人生不就是像一杯雞尾酒，要各種調味才會好喝。」

「憂鬱來了就跟他相處一下，憤怒來了就觀察一下。『嗯！值得憤怒。』然後你就憤怒，這樣你才會放下。」

「不用感到遺憾，只要我們曾經那麼好。沒有為什麼，時光就是過去了。」

「回望才有禮物。」

徐導親口分享的這一切，全都是自己觀照生命的歷程啊！

在內觀課程的每一日的內省過程中，我一次又一次為了自己過往犯下的種種業行，深深感到難過並且自責不已。如今回望去年這趟 12 天的心靈旅程，才深深領受到生命中因緣俱足的美好。

只要能夠接受自己，不夠完美的我們就有機會變得更善良，更快樂，也更美麗。

修行是一輩子的事，幸運生而為人的我們，這輩子來到世界上最重要的一個任務，就是要好好體驗生命。我很高興能夠完成這個使命，也期待能夠與你同行，繼續走在這條覺察的路上。

"願一切眾生快樂、安詳、解脫。"

致謝

　　寫書是一件折磨自己，痛苦不堪，但卻快樂得不得了的過程。就像是每一次的靜坐冥想一樣。

　　這本書從 2023 年 2 月 12 日發願撰寫，自 2024 年 5 月 22 日開始動筆，一直到 2024 年 9 月 2 日完成初稿，過程中經歷了許多的波折與難關，終於在許多人的祝願之下順利完成。

　　感謝奇光出版總編輯曹慧以及芳如的耐心，等候作者交稿的過程是對彼此耐心與意志力的殘酷考驗，希望這本作品能夠不辜負妳們的期待。

　　感恩我的母親鄧淑貞女士，很抱歉我們都沒能成為您期盼的模樣，我和孩子們都會努力活出自己的未來，請您有朝一日為我們感到驕傲。

　　感激一路來支持我的每一位朋友，願意接受我採訪的每一位來賓，收聽我節目的每一位聽眾，閱讀我文章的每一位讀者，以及曾經幫助過我的每一位合作夥伴。因為你們的祝福，我才能義無反顧地走在這條成為自己的路上。

　　謝謝我的主持搭檔品希女神、學姊 Carol、製作人

Candy，以及「授ㄅㄟˇ私捏」全體製作團隊，因為有大家的陪伴，我才能創造出如此豐盛的成果。

最後謝謝願意包容接納我的胡咪老師，因為有妳真摯的愛，我才能找回快樂，重啟人生。

願每個人都能遇見真愛。

快樂，掌握在自己手中。

belle vue　53

內觀覺察
一趟找回快樂‧淨心修慧‧重啟人生的心靈旅程

作　　　者	Vito大叔（蔣宗信）
總 編 輯	曹　慧
主　　編	曹　慧
封面設計	Bianco Tsai
內頁設計	ayenworkshop
內頁排版	楊思思
行銷企畫	林芳如
出　　版	奇光出版／遠足文化事業股份有限公司
	E-mail：lumieres@bookrep.com.tw
	粉絲團：https://www.facebook.com/lumierespublishing
發　　行	遠足文化事業股份有限公司（讀書共和國出版集團）
	http://www.bookrep.com.tw
	service@bookrep.com.tw
	23141 新北市新店區民權路 108-4 號 8 樓
	電話：(02) 22181417
	郵撥帳號：19504465 戶名：遠足文化事業股份有限公司
法律顧問	華洋法律事務所 蘇文生律師
印　　製	呈靖彩藝有限公司
初版一刷	2024年10月
定　　價	380元
I S B N	978-626-7221-77-8　書號：1LBV0053
	978-626-7221-78-5（EPUB）
	978-626-7221-79-2（PDF）

國家圖書館出版品預行編目資料

內觀覺察：一趟找回快樂‧淨心修慧‧重啟人生的心靈旅程 / Vito大叔（蔣
宗信）著. -- 初版. -- 新北市：奇光出版, 遠足文化事業股份有限公司,
2024.10

面；　公分

ISBN 978-626-7221-77-8(平裝)

1. CST: 人生哲學　2. CST: 自我實現

191.9　　　　　　　　　　　　　　　　　　　　　　　　113013452

線上讀者回函